大方廣佛華嚴經卷第三十變相

大方廣佛華嚴經

일러두기

1. 『대방광불화엄경 강설』 원문原文의 저본底本은 근세에 교정이 가장 잘 되었다고 정평이 나 있는 대만臺灣의 불타교육기금회佛陀教育基金會에서 출판한 『화엄경소초華嚴經疏鈔』본입니다.

2. 『대방광불화엄경 강설』은 실차난타實叉難陀가 695년부터 699년까지 4년에 걸쳐 번역해 낸 80권본卷本 『대방광불화엄경』을 우리말로 옮기고 강설을 붙인 것입니다.

3. 『대방광불화엄경』은 애초 산스크리트에서 한역漢譯된 경전이지만 현재 산스크리트본은 소실된 상태입니다. 산스크리트를 음차한 경우 굳이 원래 소리를 표기하려고 하기보다는 『표준국어대사전』이나 『불교사전』 등에 등재된 한자음을 사용하는 것을 원칙으로 하였습니다.

4. 경문의 한글 번역은 동국역경원본을 참고하여 그대로 또는 첨삭을 하며 의미대로 번역하고 다듬었습니다.

5. 각 품마다 내용에 따라 단락을 나누고 제목을 달았습니다. 단락의 제목은 주로 청량淸凉스님의 견해에 기초하였고 이통현李通玄장자의 견해를 참고로 하였습니다.

6. 『대방광불화엄경 강설』의 발행 순서는 한역 경전의 편재 순서를 기준으로 하였고 각 권은 단행본 한 권씩으로 출간될 예정이며 모두 80권으로 완간됩니다. 다만 80권본에 빠져 있는 「보현행원품」은 80권본 완역 및 강설 후 시리즈에 포함돼 추가될 예정입니다.

7. 『대방광불화엄경 강설』 안에서 불교용어를 풀이한 것은 운허스님이 저술하고 동국역경원에서 편찬한 『불교사전』을 인용하였습니다.

8. 각주의 청량스님의 소疏는 대만에서 입력한 大方廣佛華嚴經 사이트의 것을 사용하였습니다.

9. 『대방광불화엄경 강설』 입법계품에 들어가는 문수지남도는 북송北宋시대 불국佛國선사가 선재동자가 53명의 선지식을 친견하여 법을 구하는 장면을 하나하나 그림으로 그린 것입니다.

대방광불화엄경 강설
제 30 권

二十五. 십회향품十廻向品 8

실차난타實叉難陀 한역
무비스님 강설

서문

우리가 닦은 선근을 진여眞如처럼 회향합시다.

진여眞如가 무엇입니까?

진여의 열 가지 덕을 비유로 들어 보살의 선근 회향을 밝혔습니다.

"비유컨대 진여를 능히 측량할 수 없듯이 선근의 회향도 그와 같아서 허공계와 평등한 온 중생의 마음을 다해도 측량할 수가 없느니라."

"비유컨대 진여가 모든 것에 충만하듯이 선근의 회향도 그와 같아서 한 찰나에 법계에 두루 하느니라."

"비유컨대 진여가 항상 있어서 다함이 없듯이 선근의 회향도 그와 같아서 구경에 다함이 없느니라."

"비유컨대 진여가 비교하여 상대할 수 없듯이 선근의 회향도 그와 같아서 모든 불법에 널리 원만하여 비교하여 상대할 수가 없느니라."

"비유컨대 진여의 자체 성품이 견고하듯이 선근의 회향도 그와 같아서 자체 성품이 견고하여 모든 번뇌로 저해할 수 없느니라."

"비유컨대 진여를 파괴할 수 없듯이 선근의 회향도 그와 같아서 일체 중생이 능히 깨뜨리지 못하느니라."

"비유컨대 진여가 밝게 비추는 것으로써 본체를 삼듯이 선근의 회향도 그와 같아서 널리 밝게 비춤으로 성품을 삼느니라."

"비유컨대 진여가 있지 않은 데가 없듯이 선근의 회향도 그와 같아서 모든 처소에 있지 않은 데가 없느니라."

"비유컨대 진여가 온갖 시간에 두루 하였듯이 선근의 회향도 그와 같아서 온갖 시간에 두루 하였느니라."

“비유컨대 진여의 성품이 항상 청정하듯이 선근의 회향도 그와 같아서 세간에 있으매 자체가 항상 청정하니라.” 라고 하였습니다.

진여의 청정성은 수많은 성질 중에 가장 뛰어난 성질입니다. 보살의 선근 회향도 세간에 머물면서 청정하고 수승함을 밝게 드러냅니다. 선근보다 청정하고 수승한 것이 또 있겠습니까? 그러므로 불법은 요익중생饒益衆生하는 선근 회향으로 최종 목적을 삼으며 불법의 분명한 큰 뜻[佛法的的大意]과 그 종지宗旨를 삼습니다.

2015년 7월 1일

신라 화엄종찰 금정산 범어사

如天 無比

대방광불화엄경 목차

대방광불화엄경 강설 제30권

二十五. 십회향품十廻向品 8

4. 금강당보살이 열 가지 회향을 설하다

대방광불화엄경 강설

제30권

二十五. 십회향품 8

4. 금강당보살이 열 가지 회향을 설하다

10) 제8 진여상회향眞如相廻向

(1) 선근善根을 쌓다

불자 하자 시보살마하살 진여상회향
佛子야 何者가 是菩薩摩訶薩의 眞如相廻向고

불자 차보살마하살 정념명료 기심견주
佛子야 此菩薩摩訶薩이 正念明了하야 其心堅住

원리미혹 전의수행 심심부동 성불
하며 遠離迷惑하야 專意修行하며 深心不動하야 成不

괴업
壞業하며

"불자들이여, 무엇을 보살마하살의 진여의 모양[眞如相]인 회향이라 하는가. 불자들이여, 이 보살마하살이 바른 생각이 분명하여 그 마음이 견고하게 머물며, 미혹을 멀리 떠나서 집중하는 마음[專意]으로 수행하며, 깊은 마음이 동요하지 않아 무너지지 않는 업을 이루느니라."

십회향 중 제8 회향은 진여의 모양인 회향이다. 진여란 무엇인가. 만유의 근본 성품이며 생명의 본체다. 달리 말하면 참마음[眞心]이며, 참사람[眞人]이며, 참나[眞我]며 참생명[眞命]이며, 법성法性이며, 불성佛性이며, 자성自性이다. 이 진여에는 본래로 육바라밀과 십바라밀과 십선十善과 사섭법四攝法과 사무량심四無量心과 인의예지仁義禮智가 다 갖춰져 있다. 이러한 진여의 양상과 꼭 같은 회향이 진여상회향이다. 참사람에게는 본래로 육바라밀과 십바라밀과 십선과 사섭법과 사무량심과 인의예지가 이미 다 갖춰져 있는데 그것을 실천하지 못하는 것은 미혹한 생각과 감정과 오온五蘊과 육입六入으로 자기의 참생명을 삼기 때문이다.

이 진여상회향에서는 참사람에게 본래로 갖춰진 육바라밀과 십바라밀과 십선과 사섭법과 사무량심과 인의예지로 선근을 쌓아 나가는 것을 밝혔다. 바른 생각이 분명하여 마음이 견고하게 머문다는 것은 바른 기억이 명료해야 마음이 흔들리지 않는다는 뜻이다. 또 미혹을 멀리 떠나서 집중하는 마음으로 수행한다고 하였는데 미혹을 떠나지 못하면 수행이라 할 수 없다. 미혹을 떠나기 위해서 수행을 하는 것이 아니라 미혹을 떠난 뒤라야 비로소 진정한 수행이 되는 것이다. 또 본래로 깊은 마음이 동요하지 않아 무너지지 않는 업을 쌓는다.

취일체지 종불퇴전 지구대승 용맹
趣一切智하야 **終不退轉**하며 **志求大乘**하야 **勇猛**

무외 식제덕본 보안세간 생승선근
無畏하며 **植諸德本**하야 **普安世間**하며 **生勝善根**하야

수백정법 대비증장 심보성취
修白淨法하며 **大悲增長**하야 **心寶成就**하며

"일체 지혜에 나아가 끝까지 퇴전하지 않으며, 대승大乘을 구하되 용맹하여 두려움이 없으며, 여러 가지 덕德의 근본을 심어 세간을 두루 편안케 하며, 수승한 선

근을 내고 희고 깨끗한 법을 닦으며, 대비大悲가 증장하여 마음의 보배를 성취하느니라."

생각과 감정과 오온과 육입을 따르지 않고 참마음 속에 본래 갖추고 있는 무한한 능력을 살려 계속해서 선근을 닦아 간다. 평등과 차별을 아는 지혜에 나아가서 보살행에서 영원히 물러서지 않는다. 지혜가 있는 사람이 보살행을 실천하고 보살행을 실천하는 사람은 곧 지혜가 있는 사람이다.

상좌부불교에서 처음으로 대승불교운동을 일으킨 사람들의 용기에 진심으로 머리 숙여 존경하며 무한한 찬사를 보낸다. 두려워하지 않고 목숨을 아끼지 않으며 대승불교, 즉 보살불교라는 큰 혁명을 일으킨 그 용기에 진실로 감사한다.

오늘날의 한국불교도 하루빨리 자기의 해탈만을 추구하는 소승선불교에서 벗어나 대승보살불교로 진화하고 발전해야 한다. 대승보살이 선행을 하는 것은 자신을 위해서가 아니라 세상의 이익과 안녕을 위해서다. 진정한 불자는 끊임없이 참마음, 참나와 참사람의 법성진여의 명령에 따라 본래로 갖추고 있는 보물창고를 중생들을 위해서 활짝 열어젖혀야 한다. 그래서 선근 회향이 진정한 성불임을 하루빨리 깨달아야 한다.

상념제불 호지정법 어보살도 신락
常念諸佛하야 **護持正法**하며 **於菩薩道**에 **信樂**

견고 성취무량정묘선근 근수일체공덕
堅固하야 **成就無量淨妙善根**하며 **勤修一切功德**

지혜 위조어사 생중선법 이지방편
智慧하며 **爲調御師**하야 **生衆善法**하며 **以智方便**으로

이위회향
而爲廻向이니라

"항상 부처님을 생각하고 바른 법을 보호하며, 보살의 도道에 신심이 견고하며, 한량없이 청정하고 미묘한 선근을 성취하며, 모든 공덕과 지혜를 부지런히 닦으며, 잘 다스리는 스승[調御師]이 되어 여러 선善한 법을 내게 하며, 지혜와 방편으로 회향하느니라."

불법승 삼보로써 선근을 닦는 것을 이렇게 설하였다. 항

상 부처님을 생각하고, 정법을 보호하며, 보살의 도인 십바라밀과 십선과 사섭법과 사무량심과 인의예지에 신심이 견고하여 한량없이 청정하고 미묘한 선근을 성취하는 것이다. 또 지혜 공덕을 부지런히 닦아 부처님이 되어 온갖 선한 법을 내며 지혜와 방편으로 회향하는 것이다.

(2) 선근을 관찰하다

보살 이시 혜안보관소유선근 무량무변
菩薩이 爾時에 慧眼普觀所有善根이 無量無邊

기제선근수습지시 약구연 약판구 약
이라 其諸善根修習之時에 若求緣과 若辦具와 若

정치 약취입 약전려 약기행 약명달 약
淨治와 若趣入과 若專勵와 若起行과 若明達과 若

정심 약개시
精審과 若開示하니라

"보살이 그때에 있는 선근이 한량없고 그지없음을 지혜의 눈으로 널리 관찰하느니라. 그 모든 선근을 닦을 때에 보조적인 조건[緣]을 구하거나, 도구를 마련하거나, 깨끗하게 다스리거나, 나아가 들어가거나, 전력하여 힘쓰거나, 행行을 일으키거나, 분명하게 통달하거나, 자세하게 살피거나, 열어 보이느니라."

보살이 선근을 닦을 때에 그 선근의 직접적이고 주된 일 외의 아홉 가지 일을 밝혔다. 예컨대 경전을 한 권 보시하는 선근이라 하더라도 위와 같은 아홉 가지 일이 있을 수 있다. 즉 보조적인 조건[緣]도 필요할 것이고, 도구와 청정하게 함과 그것에 나아감과 전력하여 힘씀과 행을 일으킴과 분명하게 통달함과 자세히 살핌과 열어 보임 등이다. 이와 같은 것은 모든 선근에 다 해당될 것이다.

여시일체 유종종문 종종경 종종상 종
如是一切가 **有種種門**과 **種種境**과 **種種相**과 **種**

종사 종종분 종종행 종종명자 종종분별
種事와 **種種分**과 **種種行**과 **種種名字**와 **種種分別**과

종종출생 종종수습
種種出生과 **種種修習**하니

"이와 같은 모든 것에 갖가지 문과 갖가지 경계와 갖

가지 모양과 갖가지 일과 갖가지 분위分位와 갖가지 행과 갖가지 이름과 갖가지 분별과 갖가지 출생과 갖가지 닦는 일이 있느니라."

보살이 선근을 닦을 때에 보조적인 조건과 도구와 청정하게 함과 그것에 나아감과 전력하여 힘씀과 행을 일으킴과 분명하게 통달함과 자세히 살핌과 열어 보임이 따르고, 다시 그 하나하나에 갖가지 문과 갖가지 경계와 갖가지 모양 등이 있게 됨을 밝혔다. 즉 선근을 닦음에 있어서 있을 수 있는 아주 정밀하고 미세한 내용들이다.

기중소유일체선근 실시취향십력승심지소
其中所有一切善根이 **悉是趣向十力乘心之所**

건립 개실회향일체종지 유일무이
建立일새 **皆悉廻向一切種智**하야 **唯一無二**니라

"그 가운데 있는 일체 선근은 모두 십력十力의 법에 나아가는 마음으로 건립된 것이며, 다 일체종지一切種智에 회향하는 것이어서 오직 하나요, 둘이 없느니라."

위와 같은 일체 선근을 닦는 것은 궁극에는 십력十力의 법, 즉 부처님의 경지에 나아가는 마음으로 건립된 것이다. 부처님의 법은 다시 일체종지에 회향하는 일이다. 그러므로 부처님의 경지와 선근을 닦음은 하나요, 둘이 아니다. 즉 십바라밀을 닦는 일이나 단순하게 보시라는 한 가지를 닦는 일이나 부처님의 경지는 같은 것이다. 그래서 보시가 곧 부처님의 행이 되는 것이다.

(3) 보리에 회향하다

이제선근　여시회향　소위원득원만무
以諸善根으로 **如是廻向**하나니 **所謂願得圓滿無**

애신업　수보살행　원득청정무애구업
礙身業하야 **修菩薩行**하며 **願得淸淨無礙口業**하야

수보살행　원득성취무애의업　안주대승
修菩薩行하며 **願得成就無礙意業**하야 **安住大乘**하며

"모든 선근으로 이와 같이 회향하느니라. 이른바 '원컨대 원만하여 걸림이 없는 몸으로 하는 업을 얻어 보살의 행行을 닦아지이다. 원컨대 청정하고 걸림이 없는

입으로 하는 업을 얻어 보살의 행을 닦아지이다. 원컨대 걸림이 없는 뜻의 업을 성취하여 대승大乘에 머물러지이다.' 라고 하느니라."

보살이 선근을 닦아 회향할 때에 발원하는 내용을 여러 가지로 밝혔다. 먼저 보살이 신구의身口意 삼업이 모두 원만하고 청정하고 걸림이 없음을 얻어 보살행을 닦고 대승에 안주하게 되기를 발원하였다.

원 득 원 만 무 장 애 심 정 수 일 체 제 보 살 행
願得圓滿無障礙心하야 **淨修一切諸菩薩行**하며

"'원컨대 원만하고 장애가 없는 마음을 얻어 일체 모든 보살의 행을 청정하게 닦아지이다.' 라고 하느니라."

원 기 무 량 광 대 시 심 주 급 무 변 일 체 중 생
願起無量廣大施心하야 **周給無邊一切衆生**하며

"'원컨대 무량하고 광대한 보시할 마음을 내어 그지

없는 일체 중생들에게 두루 공급하여지이다.' 라고 하느니라."

원어제법 심득자재 연대법명 무능 장폐
願於諸法에 心得自在하야 演大法明하야 無能障蔽하며

"'원컨대 모든 법에 마음이 자재하여 큰 법의 지혜를 연설하되 장애할 이가 없어지이다.' 라고 하느니라."

원득명달일체지처 발보리심 보조세간
願得明達一切智處하야 發菩提心하야 普照世間하며

"'원컨대 온갖 지혜로 이를 곳을 분명히 통달하고 보리심을 내어 세간을 두루 비추어지이다.' 라고 하느니라."

원상정념삼세제불 체상여래 상현재전
願常正念三世諸佛하야 **諦想如來**가 **常現在前**하며

"'원컨대 삼세의 모든 부처님을 항상 바르게 기억하여 여래가 항상 앞에 계신 줄로 참되게 생각하여지이다.' 라고 하느니라."

원주원만증상지락 원리일체제마원적
願住圓滿增上志樂하야 **遠離一切諸魔怨敵**하며

"'원컨대 원만하게 더욱 나아가는 뜻에 머물러 모든 마군과 원수를 멀리 여의어지이다.' 라고 하느니라."

원득안주불십력지 보섭중생 무유휴식
願得安住佛十力智하야 **普攝衆生**하야 **無有休息**하며

"'원컨대 부처님 십력의 지혜에 머물러서 중생을 두루 포섭하기를 쉬지 말아지이다.' 라고 하느니라."

원득삼매 유제세계 이어세간 무소염
願得三昧하야 **遊諸世界**호대 **而於世間**에 **無所染**

착
着하며

"'원컨대 삼매三昧를 얻어 여러 세계에 다니되 세간에 물들지 말아지이다.' 라고 하느니라."

원주제세계 무유피염 교화중생 항
願住諸世界호대 **無有疲厭**하야 **教化衆生**하야 **恒**

불휴식
不休息하며

"'원컨대 여러 세계에 있어도 고달프지 않으며 중생을 교화하되 항상 쉬지 말아지이다.' 라고 하느니라."

원기무량사혜방편 성취보살부사의도
願起無量思慧方便하야 **成就菩薩不思議道**하며

"'원컨대 한량없이 생각하는 지혜와 방편을 일으켜 보살의 부사의한 도道를 성취하여지이다.' 라고 하느니라."

원 득 제 방 불 미 혹 지　　실 능 분 별 일 체 세 간
願得諸方不迷惑智하야 **悉能分別一切世間**하며

"'원컨대 여러 지방에 미혹하지 않은 지혜를 얻어 모든 세간을 잘 분별하여지이다.' 라고 하느니라."

원 득 자 재 신 통 지 력　　어 일 념 중　　실 능 엄 정
願得自在神通智力하야 **於一念中**에 **悉能嚴淨**

일 체 국 토
一切國土하며

"'원컨대 자재하고 신통한 지혜와 힘을 얻어 잠깐 동안에 일체 국토를 모두 깨끗하게 장엄하여지이다.' 라고 하느니라."

원 득 보 입 제 법 자 성　　견 일 체 세 간　　실 개 청
願得普入諸法自性하야 **見一切世間**이 **悉皆淸**

정
淨하며

"'원컨대 온갖 법의 성품에 두루 들어가 일체 세간이

모두 청정함을 보아지이다.' 라고 하느니라."

원득생기무차별지 어일찰중 입일체찰
願得生起無差別智하야 **於一刹中**에 **入一切刹**하며

"'원컨대 차별이 없는 지혜를 일으켜 한 세계 중에서 일체 세계에 들어가지이다.' 라고 하느니라."

원이일체찰장엄지사 현시일체 교화무
願以一切刹莊嚴之事로 **顯示一切**하야 **教化無**
량무변중생
量無邊衆生하며

"'원컨대 온갖 세계에 장엄하는 일로써 모든 것을 나타내어 무량무변한 중생을 교화하여지이다.' 라고 하느니라."

원어일불찰중 시무변법계 일체불찰
願於一佛刹中에 **示無邊法界**하고 **一切佛刹**에도

실역여시
悉亦如是하며

"'원컨대 한 부처님 세계에서 그지없는 법계法界를 나타내며 모든 부처님 세계에서도 그렇게 하여지이다.' 라고 하느니라."

원득자재대신통지 보능왕예일체불토
願得自在大神通智하야 普能往詣一切佛土니라

"'원컨대 자재하고 큰 신통의 지혜를 얻어 모든 부처님 세계에 두루 나아가지이다.' 라고 하느니라."

이와 같이 여러 가지 발원으로 선근을 닦아 보리에 회향함을 마쳤다.

(4) 중생에게 회향하다

불자 보살마하살 이제선근 원득장엄
佛子야 菩薩摩訶薩이 以諸善根으로 願得莊嚴

일체불국 원득주변일체세계 원득성취
一切佛國하며 願得周徧一切世界하며 願得成就

지혜관찰 여위기신 여시회향 여시이
智慧觀察호대 如爲己身하야 如是迴向하야 如是而

위일체중생
爲一切衆生하나니라

"불자들이여, 보살마하살이 모든 선근으로 일체 부처님의 국토를 장엄하기를 원하며, 일체 세계에 두루 하기를 원하며, 지혜로 관찰함을 성취하기를 원하되, 자기의 몸을 위하여 이와 같이 회향하는 것처럼 이와 같이 일체 중생을 위하여서도 그렇게 하느니라."

보살이 십바라밀과 십선과 사섭법과 사무량심과 인의예지 등의 선근으로 온 세상을 정직하고 선량하여 살기 좋은 곳으로 정화하는 것, 이것이 국토를 장엄하는 것이다. 보살은 그것을 발원한다. 또 그것이 우주법계에 두루 하기를 발원한다. 또 지혜로 존재의 실상을 관찰하기를 발원한다. 이와 같은 일은 모두 일체 중생을 위하여 하는 것이다. 어린 자식을 가진 어머니가 자나 깨나 어린 자식에게 마음이 집중되어 있는 것과 같다. 이것이 중생에게 회향하는 것이다.

소위원일체중생 영리일체지옥축생염라
所謂願一切衆生이 永離一切地獄畜生閻羅
왕취
王趣하며

"이른바 '원컨대 일체 중생이 모든 지옥과 축생과 염라왕의 갈래를 길이 여의어지이다.' 라고 하느니라."

원일체중생 제멸일체장애지업
願一切衆生이 除滅一切障礙之業하며

"'원컨대 일체 중생이 모든 장애되는 업을 멸하여지이다.' 라고 하느니라."

원일체중생 득주보심평등지혜
願一切衆生이 得周普心平等智慧하며

"'원컨대 일체 중생이 넓은 마음과 평등한 지혜를 얻

어지이다.' 라고 하느니라."

원일체중생 어원어친 등심섭수 개령
願一切衆生이 **於怨於親**에 **等心攝受**하야 **皆令**

안락 지혜청정
安樂하야 **智慧淸淨**하며

"'원컨대 일체 중생이 원수거나 친한 이를 평등한 마음으로 섭수하여 모두 안락하고 지혜가 청정케 하여지이다.' 라고 하느니라."

원일체중생 지혜원만 정광보조
願一切衆生이 **智慧圓滿**하야 **淨光普照**하며

"'원컨대 일체 중생이 지혜가 원만하여 청정한 광명이 널리 비치어지이다.' 라고 하느니라."

원일체중생 사혜성만 요진실의
願一切衆生이 **思慧成滿**하야 **了眞實義**하며

"'원컨대 일체 중생이 생각하는 지혜[思慧]가 원만하여 진실한 이치를 알아지이다.' 라고 하느니라."

원일체중생 이정지락 취구보리 획무량지
願一切衆生이 **以淨志樂**으로 **趣求菩提**하야 **獲無量智**하며

"'원컨대 일체 중생이 청정한 지락志樂으로 보리菩提를 구하여 무량한 지혜를 얻어지이다.' 라고 하느니라."

원일체중생 보능현시안은주처
願一切衆生이 **普能顯示安隱住處**니라

"'원컨대 일체 중생이 널리 편안하게 있을 곳을 나타내 보여지이다.' 라고 하느니라."

보살이 선근을 닦아 세상을 청정하게 장엄하는 것은 일체 중생을 위해서 하는 것이므로 다시 또 일체 중생을 위한

발원으로 회향하는 내용들을 밝혔다.

불자 보살마하살 항이선심 여시회향
佛子야 **菩薩摩訶薩**이 **恒以善心**으로 **如是廻向**
위령일체중생 우청량운주법우고 위
하나니 **爲令一切衆生**으로 **遇淸涼雲霔法雨故**며 **爲**
령일체중생 상치복전승경계고
令一切衆生으로 **常値福田勝境界故**며

"불자들이여, 보살마하살이 항상 선량한 마음으로 이와 같이 회향하느니라. 일체 중생들로 하여금 청량한 구름을 만나 진리[法]의 비를 내리게 하려는 연고며, 일체 중생들로 하여금 복전福田인 수승한 경계를 항상 만나게 하려는 연고이니라."

보살이 선량한 마음으로 닦은 선근을 다시 회향하는 까닭을 열 가지를 들어 밝혔다. 한마디로 요약하면 오로지 일체 중생들로 하여금 자기 자신에게 내재되어 있는 진여법성의 진리를 깨달아 이고득락하기를 바라는 마음에서 회향하는 것이다.

위령일체중생 개능선입보리심장 자
爲令一切衆生으로 皆能善入菩提心藏하야 自
호지고 위령일체중생 이제개전 선안
護持故며 爲令一切衆生으로 離諸蓋纏하야 善安
주고
住故며

"일체 중생들로 하여금 보리심의 곳집에 잘 들어가서 스스로 보호하게 하려는 연고며, 일체 중생들로 하여금 모든 번뇌를 떠나서 편안히 있게 하려는 연고이니라."

위령일체중생 개획무애신통지고 위령
爲令一切衆生으로 皆獲無礙神通智故며 爲令
일체중생 득자재신 보시현고
一切衆生으로 得自在身하야 普示現故며

"일체 중생들로 하여금 걸림 없는 신통과 지혜를 얻게 하려는 연고며, 일체 중생들로 하여금 자재한 몸을 얻어 널리 나타내게 하려는 연고이니라."

위령일체중생 성취최승일체종지 보
爲令一切衆生으로 成就最勝一切種智하야 普

흥이익 무공과고 위령일체중생 보섭군
興利益하야 無空過故며 爲令一切衆生으로 普攝群

품 영청정고
品하야 令淸淨故며

"일체 중생들로 하여금 가장 수승한 일체 종지를 성취하고 이익을 널리 일으키어 헛되게 지나감이 없게 하려는 연고며, 일체 중생들로 하여금 여러 중생을 널리 포섭하여 청정케 하려는 연고이니라."

위령일체중생 개능구경일체지고 위령
爲令一切衆生으로 皆能究竟一切智故며 爲令

일체중생 심부동요 무장애고
一切衆生으로 心不動搖하야 無障礙故니라

"일체 중생들로 하여금 모두 일체 지혜를 끝까지 얻

게 하려는 연고며, 일체 중생들로 하여금 마음이 동요하지 않고 장애가 없게 하려는 연고이니라."

보살이 선량한 마음으로 닦은 선근을 다시 회향하는 까닭을 설하여 마쳤다. 모두가 일체 중생들로 하여금 모든 것을 다 꿰뚫어 아는 일체 지혜를 얻어 다시 일체 중생들을 교화하여 성숙케 하려는 연고이다.

(5) 경계에 회향하다

불자 보살마하살 견가애락국토원림 초
佛子야 **菩薩摩訶薩**이 **見可愛樂國土園林**과 **草**

목화과 명향상복 진보재물 제장엄구
木華果와 **名香上服**과 **珍寶財物**의 **諸莊嚴具**하며

"불자들이여, 보살마하살이 사랑스러운[可愛樂] 국토나 원림이나 초목이나 꽃이나 열매나 좋은 향이나 훌륭한 옷이나 보배나 재물이나 여러 장엄거리를 보느니라."

혹견가락촌읍취락　혹견제왕　위덕자재
或見可樂村邑聚落하며 **或見帝王**의 **威德自在**

혹견주처　이제훤잡　견시사이　이방편
하며 **或見住處**에 **離諸諠雜**하고 **見是事已**에 **以方便**

지　정근수습　출생무량승묘공덕
智로 **精勤修習**하야 **出生無量勝妙功德**하며

"혹은 사랑스러운 동리나 성시城市나 마을을 보거나, 혹은 임금의 위덕이 자재함을 보거나, 혹은 머무는 곳에서 온갖 복잡한 데를 떠난 것을 보고, 이러한 일을 다 보고 나서 방편과 지혜로써 부지런히 닦아서 한량없는 훌륭한 공덕을 내느니라."

보살이 일상을 살면서 국토나 원림이나 초목이나 꽃이나 열매나 좋은 향이나 훌륭한 옷이나 보배나 재물이나 여러 장엄거리 등 온갖 경계를 보고 방편과 지혜를 써서 부지런히 수습하여 한량없는 훌륭한 공덕을 내는 것을 밝혔다. 이것이 경계를 대하여 회향하는 일이다.

위제중생　근구선법　심무방일　광집
爲諸衆生하야 勤求善法하야 心無放逸하며 廣集

중선　유여대해　이무진선　보부일체
衆善을 猶如大海하야 以無盡善으로 普覆一切하며

"모든 중생을 위하여 선량한 법을 부지런히 구하되 마음이 방일하지 아니하며, 여러 선한 일을 널리 모아 큰 바다와 같이 하며, 다함이 없는 선근으로 일체 중생을 두루 덮느니라."

중생을 위하는 일체 선한 법은 모든 사람에게 본래로 갖춰져 있는 것이다. 진여불성 안에는 인의예지도 있고, 십바라밀도 있고, 십선과 사섭법과 사무량심도 있다. 그야말로 큰 바다처럼 다함이 없다. 그런데 새삼스럽게 부지런히 구하고 닦는다는 것은 안에서 잠자고 있는 일체 선을 일깨워서 활발하게 작용하도록 하는 것이다. 본래 없는 것을 어찌 구하고 닦을 수 있겠는가. 그러므로 일체 선근을 부지런히 닦고 열심히 회향하는 것은 사람 사람들이 본래로 갖추고 있는 참사람의 준엄한 명령이다.

위중선법소의지처 이제선근 방편회
爲衆善法所依之處하야 **以諸善根**으로 **方便廻**

향 이무분별 개시무량종종선근 지상
向호대 **而無分別**하며 **開示無量種種善根**하야 **智常**

관찰일체중생
觀察一切衆生하며

"모든 선한 법의 의지할 데가 되며, 모든 선근을 방편으로 회향하되 분별이 없으며, 한량없는 갖가지 선근을 열어 보이며, 지혜로 항상 일체 중생을 관찰하느니라."

우리들의 참나인 진여불성은 선한 법의 의지할 데가 된다. 선한 법의 뿌리가 되고 곳집이 된다. 그러므로 다시 회향할 수 있다. 보살이 선근을 방편으로 일체 중생에게 회향할 때에 일체 분별이 없다. 혈연이나 학연이나 지연 등으로 가려 가면서 베풀고 나누는 미혹한 분별을 내지 않는다. 그냥 일체 중생만 관찰할 뿐이다.

심 항 억 념 선 근 경 계　　이 등 진 여 평 등 선 근
心恒憶念善根境界하야 **以等眞如平等善根**으로

회 향 중 생　　무 유 휴 식
廻向衆生호대 **無有休息**하야

"마음으로는 항상 선근의 경계를 생각하여, 평등한 진여와 평등한 선근으로 중생에게 회향하기를 쉬지 아니하느니라."

사람의 진여생명은 항상 선한 경계를 생각한다. 그래서 평등한 진여와 평등한 선근으로 중생에게 회향하기를 쉬지 아니한다. 그러므로 진여의 모양인 회향이다. 진여생명이 무한한 시간 동안 쉬지 않듯이 평등한 선근으로 중생에게 회향하는 일도 쉬지 않는다.

보 살　이 시　이 제 선 근　　여 시 회 향
菩薩이 **爾時**에 **以諸善根**으로 **如是廻向**하나니

"보살이 이때에 모든 선근으로 이와 같이 회향하느니라."

회향이란 선근을 닦아서 그 선근이 한 곳이나 한 가지 일이나 한 사람에게만 머물지 않고 넓은 곳으로, 또 여러 가지 일로, 또 여러 사람에게로 다양하게 확대되도록 발원하는 것이다. 아래는 여러 가지 발원을 설하여 회향을 더욱 풍성하고 넉넉하게 하였다.

소위원일체중생 득제여래 가애락견
所謂願一切衆生이 **得諸如來**의 **可愛樂見**하야
견법진성 평등평등 무소취착 원만청정
見法眞性의 **平等平等**하고 **無所取着**하야 **圓滿淸淨**하며

"이른바 '원컨대 일체 중생이 모든 여래의 사랑스러운[可愛樂] 견해를 얻어 법의 참성품을 보되, 평등하고 평등하여 집착할 것 없이 원만하고 청정하여지이다.' 라고 하느니라."

원일체중생 견제여래 심가애락 원만
願一切衆生이 **見諸如來**의 **甚可愛樂**하고 **圓滿**

공 양
供養하며

"'원컨대 일체 중생이 모든 여래의 매우 사랑스러움을 보고 원만하게 공양하여지이다.' 라고 하느니라."

원 일 체 중 생 왕 생 일 체 무 제 번 뇌 심 가 애 락
願一切衆生이 往生一切無諸煩惱甚可愛樂

청 정 불 찰
淸淨佛刹하며

"'원컨대 일체 중생이 일체 모든 번뇌가 없고 사랑스러운 청정한 부처님의 세계에 왕생하여지이다.' 라고 하느니라."

원 일 체 중 생 득 견 제 불 가 애 락 법
願一切衆生이 得見諸佛의 可愛樂法하며

"'원컨대 일체 중생이 모든 부처님의 사랑스러운 법을 보아지이다.' 라고 하느니라."

원일체중생 상락호지일체보살 가애락행
願一切衆生이 常樂護持一切菩薩의 可愛樂行하며

"'원컨대 일체 중생이 모든 보살의 사랑스러운 행行을 항상 즐겁게 수호하여지이다.' 라고 하느니라."

원일체중생 득선지식 가애락안 견무소애
願一切衆生이 得善知識의 可愛樂眼하야 見無所礙하며

"'원컨대 일체 중생이 선지식의 사랑스러운 눈을 얻어 막힘없이 보아지이다.' 라고 하느니라."

원일체중생 상견일체가애락물 무유위역
願一切衆生이 常見一切可愛樂物하야 無有違逆하며

"'원컨대 일체 중생이 일체 사랑스러운 물건들을 항

상 보되 어김이 없어지이다.' 라고 하느니라."

원일체중생 증득일체가애락법 이근호
願一切衆生이 證得一切可愛樂法하야 而勤護

지
持하며

"'원컨대 일체 중생이 모든 사랑스러운 법을 증득하고 부지런히 수호하여지이다.' 라고 하느니라."

원일체중생 어일체불가락법중 득정광
願一切衆生이 於一切佛可樂法中에 得淨光

명
明하며

"'원컨대 일체 중생이 모든 부처님의 사랑스러운 법에서 깨끗한 광명을 얻어지이다.' 라고 하느니라."

원일체중생 수제보살 일체능사가애락심
願一切衆生이 修諸菩薩의 一切能捨可愛樂心하며

"'원컨대 일체 중생이 모든 보살의 온갖 것을 버리는 사랑스러운 마음을 닦아지이다.' 라고 하느니라."

원일체중생 득무소외 능설일체가애락법
願一切衆生이 得無所畏하야 能說一切可愛樂法하며

"'원컨대 일체 중생이 두려움 없음을 얻어 모든 사랑스러운 법을 연설하여지이다.' 라고 하느니라."

원일체중생 득제보살 극가애락심심삼매
願一切衆生이 得諸菩薩의 極可愛樂甚深三昧하며

"'원컨대 일체 중생이 보살의 매우 사랑스러운 깊고

깊은 삼매를 얻어지이다.' 라고 하느니라."

원일체중생 득제보살 심가애락다라니문
願一切衆生이 **得諸菩薩**의 **甚可愛樂陀羅尼門**

하며

"'원컨대 일체 중생이 모든 보살들의 매우 사랑스러운 다라니를 얻어지이다.' 라고 하느니라."

원일체중생 득제보살 심가애락선관찰지
願一切衆生이 **得諸菩薩**의 **甚可愛樂善觀察智**

하며

"'원컨대 일체 중생이 모든 보살들의 사랑스러운 잘 관찰하는 지혜를 얻어지이다.' 라고 하느니라."

원일체중생 능현보살 심가애락자재신통
願一切衆生이 **能現菩薩**의 **甚可愛樂自在神通**

하며

"'원컨대 일체 중생이 보살의 매우 사랑스러운 자재한 신통을 나타내어지이다.' 라고 하느니라."

원일체중생 능어제불대중회중 설가애락심심묘법
願一切衆生이 **能於諸佛大衆會中**에 **說可愛樂甚深妙法**하며

"'원컨대 일체 중생이 모든 부처님의 대중 가운데서 사랑스러운 매우 깊고 묘한 법을 연설하여지이다.' 라고 하느니라."

원일체중생 능이방편 개시연설심가애락차별지구
願一切衆生이 **能以方便**으로 **開示演說甚可愛樂差別之句**하며

"'원컨대 일체 중생이 방편으로써 매우 사랑스러운 차별한 글귀를 열어 보이고 연설하여지이다.' 라고 하느니라."

원일체중생 상능발기심가애락평등대비
願一切衆生이 **常能發起甚可愛樂平等大悲**하며

"'원컨대 일체 중생이 매우 사랑스러운 평등한 대비심大悲心을 항상 내어지이다.' 라고 하느니라."

원일체중생 염념발기심가애락대보리심
願一切衆生이 **念念發起甚可愛樂大菩提心**하야
상령제근 환희열예
常令諸根으로 **歡喜悅豫**하며

"'원컨대 일체 중생이 잠깐 잠깐마다 사랑스러운 큰 보리심菩提心을 내어 모든 근根이 항상 환희하고 즐거워지이다.' 라고 하느니라."

원일체중생 능입일체심가애락제여래가
願一切衆生이 **能入一切甚可愛樂諸如來家**하며

"'원컨대 일체 중생이 일체 매우 사랑스러운 여래如來의 집에 들어가지이다.' 라고 하느니라."

원일체중생　득가애락능조복행　조복중
願一切衆生이 得可愛樂能調伏行하야 調伏衆

생　무유휴식
生호대 無有休息하며

"'원컨대 일체 중생이 사랑스러운 능히 조복하는 행을 얻어 중생을 조복하되 쉬지 말아지이다.'라고 하느니라."

원일체중생　득제보살　심가애락무진변재
願一切衆生이 得諸菩薩의 甚可愛樂無盡辯才

연설제법
하야 演說諸法하며

"'원컨대 일체 중생이 모든 보살들의 매우 사랑스러운 다함이 없는 변재辯才를 얻어 법을 연설하여지이다.'라고 하느니라."

원일체중생　어불가설불가설겁　주어일
願一切衆生이 於不可說不可說劫에 住於一

체가락세계　교화중생　심무염권
切可樂世界하야 敎化衆生호대 心無厭倦하며

"'원컨대 일체 중생이 말할 수 없이 말할 수 없는 겁劫 동안에 일체 사랑스러운 세계에 있으면서 중생을 교화하되 게으른 마음이 없어지이다.' 라고 하느니라."

원일체중생　이무량방편　보능오입심가
願一切衆生이 以無量方便으로 普能悟入甚可

애락제불법문
愛樂諸佛法門하며

"'원컨대 일체 중생이 한량없는 방편으로 매우 사랑스러운 모든 부처님의 법문에 널리 깨달아 들어가지이다.' 라고 하느니라."

원일체중생　득가애락무애방편　지일체
願一切衆生이 得可愛樂無礙方便하야 知一切

법　무유근본
法이 無有根本하며

"'원컨대 일체 중생이 사랑스러운 걸림 없는 방편을 얻어 모든 법이 근본이 없음을 알아지이다.' 라고 하느니라."

원일체중생　득가애락이탐욕제　지일체
願一切衆生이 **得可愛樂離貪欲際**하야 **知一切**

법　필경무이　단일체장
法이 **畢竟無二**하야 **斷一切障**하며

"'원컨대 일체 중생이 사랑스러운 탐욕을 여읜 경계를 얻어 모든 법이 필경에 둘이 없음을 알고 온갖 장애를 끊어지이다.' 라고 하느니라."

원일체중생　득가애락이탐욕제　지일체
願一切衆生이 **得可愛樂離貪欲際**하야 **知一切**

법　평등진실
法이 **平等眞實**하며

"'원컨대 일체 중생이 사랑스러운 탐욕을 여읜 경계를 얻어 모든 법이 평등하고 진실함을 알아지이다.' 라고 하느니라."

원일체중생 구족성만일체보살 심가애락
願一切衆生이 **具足成滿一切菩薩**의 **甚可愛樂**

무희론법
無戲論法하며

"'원컨대 일체 중생이 모든 보살의 매우 사랑스러운 희롱戲弄거리가 아닌 법을 구족하게 이루어지이다.' 라고 하느니라."

원일체중생 득금강장정진지심 성가애
願一切衆生이 **得金剛藏精進之心**하야 **成可愛**

락일체지도
樂一切智道하며

"'원컨대 일체 중생이 금강장金剛藏 같은 정진하는 마음을 얻어 사랑스러운 온갖 지혜의 길을 이루어지이다.' 라고 하느니라."

원일체중생 구가애락무애선근 최복일
願一切衆生이 **具可愛樂無礙善根**하야 **摧伏一**

체번뇌원적
切煩惱怨敵하며

"'원컨대 일체 중생이 사랑스러운 걸림 없는 선근을 갖추어 모든 번뇌와 원수를 굴복하여지이다.' 라고 하느니라."

원일체중생 득가애락일체지문 보어세
願一切衆生이 **得可愛樂一切智門**하야 **普於世**

간 현성정각
間에 **現成正覺**이니라

"'원컨대 일체 중생이 사랑스러운 온갖 지혜의 문을 얻어 널리 세간에서 정각을 이루어지이다.' 라고 하느니라."

모든 발원에 '사랑스러운[可愛樂]'이라는 수식어가 붙었다. '애착이 가는', '마음에 드는', '나에게 좋고 남에게도 좋은'이라는 뜻이다. 끝으로 "선근을 갖추어 모든 번뇌와 원수를 굴복하여지이다."라고 하였다. 다른 사람에게 진정으로 선행을 한다면 무슨 갈등이 있을 것이며 무슨 원수가 있겠는가. 또 "지혜의 문을 얻어 널리 세간에서 정각을 이루어지이다." 라고 하였다. 궁극에는 "나도 너도 다 같이 성불하여지이다 [自他一時成佛道]."라는 뜻이다.

(6) 회향의 이익

불자　보살마하살　수습여시제선근시　득
佛子야 **菩薩摩訶薩**이 **修習如是諸善根時**에 **得**

지혜명　위선지식지소섭수
智慧明하야 **爲善知識之所攝受**하며

"불자들이여, 보살마하살이 이와 같은 모든 선근을 닦을 때에 지혜의 광명을 얻어 선지식의 섭수하는 바가 되느니라."

보살이 선근을 닦아 회향하면 무슨 이익이 있을까. 지혜의 광명을 얻어 선지식의 섭수하는 바가 된다. 세상에 아무리 훌륭한 선지식이 있다 하더라도 선지식의 섭수를 받을

만한 그릇이 되어야 그 선지식의 섭수를 받을 수 있다. 예컨대 허공 가득 보물이 쏟아져서 중생을 이익하게 하더라도 중생들은 모두 그 그릇을 따라 이익을 얻는다. 선근을 닦아 회향하는 일은 곧 선지식의 섭수를 받을 자격을 갖추는 일이다.

여래혜일 명조기심 영멸치명
如來慧日이 **明照其心**하야 **永滅癡冥**하며

"여래 지혜의 태양이 그 마음을 밝게 비추어 어리석음의 어둠을 영원히 소멸하느니라."

보살이 선근을 닦아 회향하여 얻는 이익은 또 여래 지혜의 태양이 그 마음을 밝게 비추어 어리석음의 어둠을 영원히 소멸하는 것이다. 실로 십바라밀과 사섭법과 사무량심과 인의예지를 닦는 것은 곧 여래 지혜의 태양이 밝게 빛나는 일이다. 무슨 어리석음이 있겠는가.

근수정법 입제지업
勤修正法하야 入諸智業하며

"바른 법을 부지런히 닦아 모든 지혜의 업에 들어가느니라."

선근을 닦아 회향하고 얻는 이익에 달리 정법을 닦는다고 설명할 것이 없다. 선행을 닦는 일이 곧 정법이며 지혜의 업을 실천하는 일이기 때문이다.

선학지지 유포선근 충만법계
善學智地하야 流布善根하야 充滿法界하며

"지혜의 지위를 잘 배우고 선근이 흘러 퍼져 법계에 충만하니라."

선행을 닦아 회향한 이익은 그대로가 지혜의 지위를 잘 배우고 선근을 법계에 충만하게 하는 이익이다. 이보다 더 큰 이익이 무엇이겠는가.

이지회향 진제보살선근원저 이지심
以智迴向하야 盡諸菩薩善根源底하고 以智深

입대방편해 성취무량광대선근
入大方便海하야 成就無量廣大善根이니라

"지혜로 회향하여 모든 보살의 선근의 근원까지 다하고 지혜로 큰 방편의 바다에 깊이 들어가 무량하고 광대한 선근을 성취하느니라."

십바라밀 등 온갖 선행을 하여 그것을 다시 세상에 회향하는 것은 보살의 선근의 근원까지 다하고 지혜로 큰 방편의 바다에 깊이 들어가 무량하고 광대한 선근을 성취하는 일이다. 보살이 달리 무슨 이익을 바라겠는가. 자신이 하는 선행을 더욱 널리 할 수 있는 것이 곧 보살의 이익이다.

(7) 상을 떠난 실제實際회향

불자 보살마하살 이차선근 여시회향
佛子야 菩薩摩訶薩이 以此善根으로 如是迴向

소위불착세간 불취중생 기심청정
하나니 所謂不着世間하고 不取衆生하야 其心淸淨하야

무소의지
無所依止하며

"불자들이여, 보살마하살이 이런 선근으로 이와 같이 회향하느니라. 이른바 세간에 집착하지 않고 중생을 취하지 아니하며 그 마음이 청정하여 의지할 데가 없느니라."

보살이 선근으로 세간에 회향하고 중생에게 회향하지만 세간에 집착하지 않고 또한 중생을 취하지도 않는다. 그 마음은 텅 비어 청정하며 그 어디에도 의지하지 않는다.

정념제법 이분별견 불사일체불자재
正念諸法하야 離分別見하며 不捨一切佛自在

혜 불위삼세일체제불정회향문
慧하야 不違三世一切諸佛正廻向門하며

"모든 법을 바르게 생각하여 분별하는 소견을 여의며, 모든 부처님의 자재하신 지혜를 버리지 않고, 삼세

일체 모든 부처님의 바르게 회향하는 문을 어기지 않느니라."

모든 법을 바르게 생각[正念]하면 일체 존재를 연기성과 공성으로 관찰하므로 분별과 차별을 떠나게 된다. 그것이 존재를 바로 보는 지혜이다. 존재를 바로 보는 지혜가 있으므로 삼세 일체 부처님의 회향과 하나가 되어 어기지 않는다.

수순일체평등정법　불괴여래진실지상
隨順一切平等正法하며 **不壞如來眞實之相**하며

"일체에 평등한 바른 법을 수순하고, 여래의 진실한 모습을 파괴하지 않느니라."

불교를 배워 불교를 알고자 하는 사람으로서 가장 중요한 것은 정법을 수순하는 것이다. 그 정법은 일체 존재에 평등한 이치이기 때문이다. 그것이 여래의 진실한 모습을 파괴하지 않는 것이다. 불교를 믿고 불교를 따른다고 하면서 오

히려 여래의 진실한 모습을 파괴하는 경우가 너무도 많다. 상을 떠난 진리[實際]에 회향하는 것은 일체에 평등한 정법을 수순하는 것이다.

등관삼세 무중생상 선순불도 선설
等觀三世하야 **無衆生相**하며 **善順佛道**하고 **善說**

어법 심요기의
於法하야 **深了其義**하며

"삼세를 평등하게 관찰하매 중생에 대한 상이 없으며, 부처님의 도道를 잘 따르고 법을 잘 설하며, 그 뜻을 깊이 아느니라."

상을 떠난 진리에의 회향은 삼세가 공하여 평등함을 관찰한다. 또 중생이라는 것도 공하게 관찰하고 나아가서 부처님으로까지 관찰한다. 이러한 이치를 잘 설법하고 그와 같은 깊고 깊은 이치를 잘 아는 것이다.

입최승지 오진실법 지혜원만 신락
入最勝地하야 悟眞實法하며 智慧圓滿하야 信樂

견고
堅固하니라

"가장 수승한 경지에 들어가며, 진실한 법을 깨달아 지혜가 원만하고 믿음과 좋아하는 마음이 견고하니라."

상을 떠난 진리에의 회향은 가장 수승한 경지에 들어가며, 진실한 법을 깨달아 지혜가 원만하다.

(8) 실제회향의 행行

수선수정업 이지업성공 요일체법 개
雖善修正業이나 而知業性空하야 了一切法이 皆

여환화 지일체법 무유자성
如幻化하며 知一切法이 無有自性하며

"비록 바른 업을 잘 닦지마는 업의 성품이 공空함을 알고, 일체 법이 환술과 같음을 알고, 일체 법이 자체의 성품이 없음을 아느니라."

실제회향의 행이란 존재의 실상과 같은 회향이다. 존재의 실상은 바른 업과 선한 업과 부처의 업과 보살의 업을 잘 닦으나 그 업의 성품이 텅 비어 공적한 줄을 아는 것이다. 부처의 업과 보살의 업까지 공적한데 하물며 중생의 악한 업인들 공하지 않겠는가. 그러므로 일체 법이 환술과 같음을 알고, 일체 법이 자체의 성품이 없음을 안다. 이것이 실제에 회향함이다.

관일체의 급종종행 수세언설 이무
觀一切義와 **及種種行**하야 **隨世言說**호대 **而無**

소착 제멸일체집착인연
所着하야 **除滅一切執着因緣**하며

"모든 이치와 갖가지 행行을 관찰해서 세상을 따라 말하나 집착할 것이 없어서 모든 집착하는 인연을 소멸하느니라."

또 실제회향은 일체 세상사가 천변만화로 펼쳐지고 그것을 따라서 다 설명하지만 일체 집착할 인연들이 텅 비어 공함을 알기 때문에 모두가 소멸하는 것이다.

지여실리　관제법성　개실적멸　요일
知如實理하야 觀諸法性이 皆悉寂滅하야 了一

체법　동일실상
切法이 同一實相하며

"실상과 같은 이치를 알아서 모든 법의 성품이 다 적멸함을 관찰하여, 일체 법이 실상과 같은 줄을 아느니라."

또 실제회향은 일체 존재가 실상과 같은 이치를 알아서 모든 법의 성품이 다 적멸함을 관찰한다.

지제법상　불상위배　여제보살　이공동
知諸法相이 不相違背하며 與諸菩薩로 而共同

지　수행기도
止하야 修行其道하며

"모든 법의 모양이 서로 위배되지 아니함을 알고, 모든 보살들과 함께 있으면서 그 도道를 닦느니라."

모든 법은 법이 저절로 그러한 이치가 있다. 즉 그 일은 그렇게 될 수밖에 없는 이치이다. 이와 같은 이치를 알아 성현들과 함께 있으면서 성현들이 가는 길을 따라 함께 수행하는 것, 이것이 가장 이상적인 삶이며 존재의 실제에 회향하는 일이다.

선섭중생 입거래금일체보살회향지문
善攝衆生하야 入去來今一切菩薩廻向之門하며

"중생을 잘 거두어서 과거 미래 현재의 일체 보살의 회향하는 문에 들어가느니라."

보살은 언제나 중생들을 잘 섭수하여 일체 보살이 행하는 요익중생의 길인 회향의 문에 들어가게 해야 한다.

어제불법 심무경포 이무량심 영제
於諸佛法에 心無驚怖하야 以無量心으로 令諸

중생 보득청정
衆生으로 普得淸淨하며

"모든 불법佛法에 두려워하는 마음이 없고, 무량한 마음으로써 모든 중생들로 하여금 널리 청정케 하느니라."

"나무아미타불"이라는 말 한마디에도 두려워하는 사람이 있다. 청담스님과 성철스님이 봉암사에서 살 때의 이야기다. 청담스님이 밖에 볼 일이 있어 나갔다 돌아오는 길에 어떤 걸인이 구걸을 하고 있기에 당시로서는 큰돈을 보이며 "나무아미타불"을 세 번 부르면 이 돈을 주겠다고 하였다. 그러나 그 걸인이 "내가 어떻게 그것을 부르겠습니까." "내가 어떻게 그것을 부르겠습니까." 하면서 물러앉으며 끝내 부르지 못하여 돈을 주지 않고 그냥 돌아왔다는 것이다.

이 이야기는 성철스님의 법문 녹음에 올라 있는 실화다. 모든 불법에 두려운 마음이 없어야 한다. 사람이 지금 그대로가 부처님이라고 하더라도 두려워하지 말아야 한다. 화엄경은 대심중생大心衆生이 공부하는 가르침이라고 하였다. 한량없는 마음으로 모든 중생을 훌륭하게 해야 한다.

어시방세계 불기집취아아소심 어제세
於十方世界에 不起執取我我所心하야 於諸世

간 무소분별
間에 無所分別하며

"시방 세계에서 '나' 와 '내 것' 에 집착하는 마음을 내지 않고, 모든 세간에서도 분별하는 바가 없느니라."

시방세계에서 '나'와 '내 것'에 집착하는 마음을 내지 않으면 실로 보살이 행할 요익중생饒益衆生의 보살행을 잘할 수 있을 것이다. 내 것과 남의 것이 있고서야 어찌 제대로 보살행을 하겠는가. 모든 세간에 분별하는 바가 없다는 것은 너와 나를 차별하지 않으며 친소를 차별하지 않는다는 뜻이다. 모두가 어린 자식으로 돌봐야 할 대상일 뿐이다.

어일체경계 불생염착 근수일체출세간
於一切境界에 不生染着하야 勤修一切出世間

법
法하며

"일체 경계에 물드는 집착을 내지 않고, 일체 출세간 법을 부지런히 닦느니라."

보살은 세간에 살되 세간에 물들지 않으면서 중생을 교화한다. 보살이 만약 세상을 등지고 떠나 버리면 중생들은 누가 교화하고 누가 요익하게 할 것인가. 그러므로 누구보다도 보살이 세간 속에 더욱 깊이 들어가 있으면서 중생들을 교화한다. 이것이 물들지 않는 일이며 출세간법을 부지런히 닦는 일이다. 마치 연꽃이 그 뿌리는 진흙 속에 깊이 내리고 있으면서 진흙에 물들지 않고 아름다운 꽃을 피우는 것과 같다. 여러 가지 불교 중에 보살불교가 가장 우수한 점이 그것이다.

어제세간 무취무의 어심묘도 정견뢰
於諸世間에 **無取無依**하야 **於深妙道**에 **正見牢**

고 이제망견 요진실법
固하며 **離諸妄見**하야 **了眞實法**이니라

"모든 세간에는 취함도 없고 의지함도 없고, 깊고 미

묘한 도道에는 바른 소견이 견고하며, 모든 허망한 견해를 떠나서 진실한 법을 분명히 아느니라."

보살이 선근을 닦아 회향하면 모든 세간 속에 있으면서 세간을 취하지도 않고 의지하지도 않는다. 그리고 깊고 미묘한 도에 바른 소견이 견고하여 모든 잘못된 견해를 다 떠나서 진실한 법만을 분명하게 알고 있다.

(9) 진여를 들어 진여상회향을 널리 밝히다

1〉 두루 행하는 진여의 덕의 열 가지 비유

비여진여 변일체처 무유변제 선근
譬如眞如가 **徧一切處**하야 **無有邊際**인달하야 **善根**

회향 역부여시 변일체처 무유변제
迴向도 **亦復如是**하야 **徧一切處**하야 **無有邊際**하며

"비유컨대 진여眞如가 온갖 곳에 두루 하여 끝이[邊際] 없듯이, 선근의 회향도 그와 같아서 온갖 곳에 두루 하여 끝이 없느니라."

보살이 선근을 닦아 회향하는 공덕은 세간과 출세간을 막론하고 그 어떤 공덕보다도 우수하므로 진여의 1백 가지 공덕을 들어 비유하였다. 먼저 열 가지 진여의 덕이 두루 하는 비유를 들어서 밝혔다.

진여의 1백 가지 덕을 밝혔으므로 진여에 대한 내용을 새롭게 자세히 설명하여야 할 것이다. 청량스님은 소疏에서 "'진眞'이란 말하자면 진실하여 허망하지 않음을 나타낸 것이며, '여如'란 말하자면 같고 항상하여 변역이 없음을 표한 것이다. 이것은 법상종의 뜻이다. 만약 법성종이라면 변하지 않는 것을 '진'이라 하고 인연을 수순하는 것을 '여'라 한다. 변하지 않기 때문에 유위법과 더불어 하나가 아닌 뜻이 있고, 인연을 수순하는 연고로 유위법과 더불어 다르지 않은 뜻이 있다."[1]라고 하였다.

다시 '진여'란 모든 사람과 모든 생명과 유정 무정의 참생명인 진여생명이다. 일체 존재의 본성이며 본질이다. 본성이며 본질이기 때문에 밖으로 나타난 현상들의 삼라만상과 우

1) 釋名者 : 真謂真實, 顯非虛妄. 如謂如常, 表無變易. 此法相宗. 若法性宗云 : 不變為真. 順緣日如. 由不變故, 與有為法有非一義. 由順緣故, 與有為法有非異義.

주만유와 더불어 천변만화한다. 천변만화하는 현상은 인연을 따라 부단히 모습을 바꾸지만 그 본성과 본질은 언제나 여여如如하여 변함이 없다.

또 진여는 온갖 성질을 다 가지고 있다. 불변성이 있는가 하면 변화성도 있다. 둘이 아닌 성질과 둘인 성질도 있다. 상호 연결하며 상호 통신하는 성질도 가지고 있다. 대승성도 있고 소승성도 있다. 불성과 보살성과 중생성도 있다. 십바라밀성도 있고 인의예지성도 있다. 자비성도 있고 지혜성도 있다. 부처님이나 보살들이나 조사들이나 중생들까지 모두가 상상할 수 있는 일체 성질을 다 가지고 있는 것이 진여성이다. 이와 같이 진여는 아무리 설명해도 끝내 다할 수 없다. 그래서 진여는 모든 것의 모든 것이다.

이와 같은 진여를 들어 보살의 선근 회향을 비유한 것이다. 그렇다면 진여가 아무리 그와 같다 하더라도 어쩌자는 것인가? 불법의 결론은 요익중생하자는 것이다. 홍익인간하자는 것이다. 그러므로 보살이 중생들을 위해서 선근을 닦고 그 선근으로 회향하는 일이 그와 같이 위대하다는 점을 밝히고 있다. 만약 사람이 선근을 닦아 회향하는 일이 없다면 모든 것의 모든 것인 그 위대한 진여도 무용지물일 뿐이다. 차별 없는 참사람[無位眞人]도 마른 똥 막대기일 뿐이다.

비여진여 진실위성 선근회향 역부
譬如眞如가 眞實爲性인달하야 善根廻向도 亦復
여시 요일체법 진실위성
如是하야 了一切法이 眞實爲性하며

"비유컨대 진여가 진실함으로 성품을 삼듯이, 선근의 회향도 그와 같아서 모든 법이 진실함으로 성품을 삼을 줄을 아느니라."

비여진여 항수본성 무유개변 선근
譬如眞如가 恒守本性하야 無有改變인달하야 善根
회향 역부여시 수기본성 시종불개
廻向도 亦復如是하야 守其本性하야 始終不改하며

"비유컨대 진여가 항상 본성품을 지키고 달라짐이 없듯이, 선근의 회향도 그와 같아서 본성품을 지키고 처음부터 나중까지 변하지 않느니라."

만유의 근본인 진여생명의 본성이 진실하고 보살의 선근 회향의 본성도 진실하다. 또한 우주법계의 근본인 법성진여가 변함이 없으며 보살의 선근 회향의 공덕도 변함이 없다.

비여진여 이일체법 무성위성 선근
譬如眞如가 以一切法의 無性爲性인달하야 善根

회향 역부여시 요일체법 무성위성
廻向도 亦復如是하야 了一切法이 無性爲性하며

"비유컨대 진여가 온갖 법의 성품이 없음으로 성품을 삼듯이, 선근의 회향도 그와 같아서 온갖 법의 성품이 없음으로 성품을 삼을 줄을 아느니라."

비여진여 무상위상 선근회향 역부
譬如眞如가 無相爲相인달하야 善根廻向도 亦復

여시 요일체법 무상위상
如是하야 了一切法이 無相爲相하며

"비유컨대 진여가 모양이 없음으로 모양을 삼듯이,

선근의 회향도 그와 같아서 온갖 법의 모양이 없음으로 모양을 삼을 줄을 아느니라."

진여자성은 모든 것의 근본이지만 고정된 성품이 없듯이 보살이 선근을 닦아 회향함도 또한 그 본성은 고정불변하는 성품이 없다. 또한 진여도 선근 회향도 형상이 없음으로써 형상을 삼는다.

비여진여 약유득자 종무퇴전 선근
譬如眞如가 **若有得者**면 **終無退轉**인달하야 **善根**

회향 역부여시 약유득자 어제불법 영
廻向도 **亦復如是**하야 **若有得者**면 **於諸佛法**에 **永**

불퇴전
不退轉하며

"비유컨대 진여를 만약 얻은 이가 있으면 마침내 퇴전함이 없듯이, 선근의 회향도 그와 같아서 만일 얻은 이가 있으면 모든 부처님 법에서 길이 퇴전하지 않으리라."

진여를 얻는다는 것은 곧 본성을 보는 것이며, 본성을 본다는 것은 곧 성불함이다. 견성과 성불에 무슨 퇴전이 있겠는가. 보살의 선근 회향도 모든 불법에 퇴전이 없다. 선근 회향이 곧 최상의 불법이다.

비여진여 일체제불지소행처 선근회
譬如眞如가 **一切諸佛之所行處**인달하야 **善根廻**
향 역부여시 일체여래 소행지처
向도 **亦復如是**하야 **一切如來**의 **所行之處**며

"비유컨대 진여가 일체 모든 부처님의 행하신 바이듯이, 선근의 회향도 그와 같아서 모든 여래의 행하신 바이니라."

모든 부처님은 진여의 공능대로 사신다. 선근 회향도 일체 여래의 행하시는 바이며 여래의 공능이다.

비여진여 이경계상 이위경계 선
譬如眞如가 離境界相으로 而爲境界인달하야 善

근회향 역부여시 이경계상 이위삼세일
根廻向도 亦復如是하야 離境界相으로 而爲三世一

체제불 원만경계
切諸佛의 圓滿境界며

"비유컨대 진여가 경계를 여읜 것으로 경계를 삼듯이, 선근의 회향도 그와 같아서 경계를 여읜 것으로 삼세 일체 모든 부처님의 원만한 경계를 삼느니라."

진여에 무슨 경계가 있겠는가. 경계 없는 것이 곧 진여의 경계이듯이 보살의 선근 회향도 경계가 없는 것으로 과거 현재 미래 일체 부처님의 원만한 경계가 된다.

비여진여 능유안립 선근회향 역부
譬如眞如가 能有安立인달하야 善根廻向도 亦復

여시 실능안립일체중생
如是하야 悉能安立一切衆生하며

"비유컨대 진여가 능히 나란히 건립함이 있듯이, 선

근의 회향도 그와 같아서 일체 중생을 능히 나란히 건립하느니라."

비여진여 성상수순 선근회향 역부
譬如眞如가 **性常隨順**인달하야 **善根迴向**도 **亦復**

여시 진미래겁 수순부단
如是하야 **盡未來劫**토록 **隨順不斷**하니라

"비유컨대 진여가 성품을 항상 수순하듯이, 선근의 회향도 그와 같아서 미래겁이 다하도록 수순하여 끊어지지 않느니라."

진여가 모든 것에 펼쳐져 있듯이 선근 회향도 일체 중생에게 펼쳐져 있다. 또 진여가 본성을 항상 수순하듯이 선근 회향도 미래겁이 다하도록 수순하여 끊어지지 않는다. 여기까지 두루 행하는 진여의 덕의 열 가지 비유를 들어 보살의 선근 회향의 덕이 두루 함을 밝혔다.

2〉 가장 수승한 진여의 덕의 열 가지 비유

비여진여 무능측량 선근회향 역부
譬如眞如가 **無能測量**인달하야 **善根廻向**도 **亦復**

여시 등허공계 진중생심 무능측량
如是하야 **等虛空界**에 **盡衆生心**하야도 **無能測量**하며

"비유컨대 진여를 능히 측량할 수 없듯이, 선근의 회향도 그와 같아서 허공계와 평등한 온 중생의 마음을 다해도 측량할 수가 없느니라."

진여는 무한광대성을 갖췄다. 그러므로 측량할 길이 없다. 선근 회향도 그와 같아서 저 드넓은 허공계와 같은 중생들의 마음을 다해도 측량할 수가 없다. 보살의 선근 회향은 그와 같이 끝이 없다.

비여진여 충만일체 선근회향 역부
譬如眞如가 **充滿一切**인달하야 **善根廻向**도 **亦復**

여시 일찰나중 보주법계
如是하야 **一刹那中**에 **普周法界**하며

"비유컨대 진여가 모든 것에 충만하듯이, 선근의 회향도 그와 같아서 한 찰나에 법계에 두루 하느니라."

법성진여와 생명진여는 모든 것에 충만하다. 선근 회향도 짧은 한순간에 우주법계에 충만하다.

譬如眞如가 **常住無盡**인달하야 **善根迴向**도 **亦復如是**하야 **究竟無盡**하며

(비여진여 상주무진 선근회향 역부여시 구경무진)

"비유컨대 진여가 항상 있어서 다함이 없듯이, 선근의 회향도 그와 같아서 구경에 다함이 없느니라."

진여는 과거 현재 미래의 무한한 시간 동안 항상하다. 그것이 진여의 무한성이며 무진성이다. 선근 회향도 그와 같아서 끝까지 다함이 없다.

비여진여　무유비대　　선근회향　역부
譬如眞如가 無有比對인달하야 善根廻向도 亦復

여시　보능원만일체불법　무유비대
如是하야 普能圓滿一切佛法하야 無有比對하며

"비유컨대 진여가 비교하여 상대할 수 없듯이, 선근의 회향도 그와 같아서 모든 불법에 널리 원만해서 비교하여 상대할 수가 없느니라."

불법에는 온갖 가르침이 있어서 중생들을 두루 이익하게 한다. 그러나 그 많은 종류의 이익 중에도 선근 회향과 같이 큰 이익은 없다. 그래서 다른 이익과 비교해서 상대할 것이 없다는 것이다. 일체 불법 중에 선근 회향이 가장 위대하기 때문이다.

비여진여　체성견고　　선근회향　역부
譬如眞如가 體性堅固인달하야 善根廻向도 亦復

여시　체성견고　비제혹뇌지소능저
如是하야 體性堅固하야 非諸惑惱之所能沮하며

"비유컨대 진여의 자체 성품이 견고하듯이, 선근의 회향도 그와 같아서 자체 성품이 견고하여 모든 번뇌로 저해할 수 없느니라."

진여는 고정된 실체가 없지만 그 체성은 견고하다. 선근 회향도 그 실체는 없지만 체성이 견고하여 모든 번뇌로 저해할 수 없다.

비여진여　불가파괴　　선근회향　역부
譬如眞如가 **不可破壞**인달하야 **善根廻向**도 **亦復**
여시　　일체중생　불능손괴
如是하야 **一切衆生**이 **不能損壞**하며

"비유컨대 진여를 파괴할 수 없듯이, 선근의 회향도 그와 같아서 일체 중생이 능히 깨뜨리지 못하느니라."

진여는 실체가 없지만 견고하여 파괴할 수 없다. 선근 회향도 일체 중생이 능히 파괴하지 못한다. 어떤 악도 선을 파괴할 수는 없다. 선은 진여처럼 본성이지만 악은 생각과 감정과 육근, 육진의 경계이기 때문이다.

비여진여　조명위체　　　선근회향　역부
譬如眞如가 **照明爲體**인달하야 **善根廻向**도 **亦復**

여시　　이보조명　　이위기성
如是하야 **以普照明**으로 **而爲其性**하며

"비유컨대 진여가 밝게 비추는 것으로써 본체를 삼듯이, 선근의 회향도 그와 같아서 널리 비춤으로 성품을 삼느니라."

진여는 밝다. 선근 회향도 세상을 환하게 비추는 빛이기 때문에 널리 밝게 하는 것으로 그 성품을 삼는다. 선행같이 밝고 아름답고 사람들이 좋아하는 것은 없다.

비여진여　무소부재　　　선근회향　역부
譬如眞如가 **無所不在**인달하야 **善根廻向**도 **亦復**

여시　　어일체처　실무부재
如是하야 於一切處에 悉無不在하며

"비유컨대 진여가 있지 않은 데가 없듯이, 선근의 회향도 그와 같아서 모든 처소에 있지 않은 데가 없느니라."

진여는 우주법계에 없는 데가 없다. 선근 회향도 일체 처소에서 환영을 받으면서 우주법계에 두루 하다.

비여진여　변일체시　　선근회향　역부
譬如眞如가 徧一切時인달하야 善根廻向도 亦復

여시　　변일체시
如是하야 徧一切時하며

"비유컨대 진여가 온갖 때에 두루 하였듯이, 선근의 회향도 그와 같아서 온갖 때에 두루 하였느니라."

진여가 일체 시간과 공간에 충만하듯이 선근 회향도 어떤 시간이든 어떤 공간이든 다 충만하다.

비여진여 성상청정 선근회향 역부
譬如眞如가 性常清淨인달하야 善根廻向도 亦復

여시 주어세간 이체청정
如是하야 住於世間호대 而體清淨하니라

"비유컨대 진여의 성품이 항상 청정하듯이, 선근의 회향도 그와 같아서 세간에 있으매 자체가 항상 청정하니라."

진여의 청정성은 수많은 성질 중에서 아주 뛰어난 성질이다. 선근 회향도 세간에 머물면서 청정하고 수승함을 나타낸다. 선근보다 청정하고 수승한 것이 또 있겠는가. 그러므로 불법은 요익중생饒益衆生하는 선근 회향으로 최종 목표를 삼고 그 종지를 삼는다.

3〉 수승하게 흐르는 진여의 덕의 열 가지 비유

비여진여 어법무애 선근회향 역부
譬如眞如가 於法無礙인달하야 善根廻向도 亦復

여시 주행일체 이무소애
如是하야 周行一切호대 而無所礙하며

"비유컨대 진여가 법에 걸림이 없듯이, 선근의 회향도 그와 같아서 모든 곳에 두루 다녀도 걸림이 없느니라."

모든 법의 본원은 진여다. 진여가 법에 걸림이 없는 것은 당연하다. 선근 회향도 그와 같아서 어디에 가서 무엇을 하든 걸림이 없다. 가는 곳마다 선행으로 중생들을 유익하게 한다면 무슨 걸림이 있겠는가.

비여진여 위중법안 선근회향 역부
譬如眞如가 爲衆法眼인달하야 善根廻向도 亦復

여시 능위일체중생작안
如是하야 能爲一切衆生作眼하며

"비유컨대 진여가 여러 가지 법의 눈이 되듯이, 선근의 회향도 그와 같아서 일체 중생의 눈이 되느니라."

진여가 여러 가지 법의 눈이 된다는 것은 모든 법의 근원이 진여이기 때문이다. 이와 같이 선근 회향도 일체 중생의 눈이 된다. 즉 일체 중생을 선도하고 교화하여 제도하는 눈은 곧 선근 회향밖에 없다. 달리 무엇이 중생들의 눈이 되겠는가.

비여진여 성무노권 선근회향 역부
譬如眞如가 **性無勞倦**인달하야 **善根廻向**도 **亦復**
여시 수행일체보살제행 항무노권
如是하야 **修行一切菩薩諸行**호대 **恒無勞倦**하며

"비유컨대 진여의 성품이 피로함이 없듯이, 선근의 회향도 그와 같아서 일체 보살의 모든 행行을 수행修行하면서도 항상 피로함이 없느니라."

진여에 무슨 피로가 있겠는가. 선근 회향도 그와 같이 일체 보살의 보살행을 행하는데 언제나 피로함이 없다.

비여진여 체성심심 선근회향 역부
譬如眞如가 **體性甚深**인달하야 **善根廻向**도 **亦復**

여시 기성심심
如是하야 **其性甚深**하며

"비유컨대 진여의 체성體性이 매우 깊듯이, 선근의 회향도 그와 같아서 그 성품이 매우 깊으니라."

세상에서 가장 높고 깊은 것은 선근 회향밖에 없다. 중생을 요익하게 하는 선근이 가장 높고 깊다는 것은 당연한 가르침이다.

비여진여 무유일물 선근회향 역부
譬如眞如가 **無有一物**인달하야 **善根迴向**도 **亦復**
여시 요지기성 무유일물
如是하야 **了知其性**이 **無有一物**하며

"비유컨대 진여가 한 물건도 없듯이, 선근의 회향도 그와 같아서 그 성품이 한 물건도 없음을 알 것이니라."

진여는 아무리 드러내고 강조하여도 한 물건도 없다. 선근 회향이 그토록 위대하고 중요하여도 그 본성에는 한 물건도 없음을 알아야 한다.

비여진여 성비출현 선근회향 역부
譬如眞如가 性非出現인달하야 善根廻向도 亦復

여시 기체미묘 난가득견
如是하야 其體微妙하야 難可得見하며

"비유컨대 진여의 성품이 출현하는 것이 아니듯이, 선근의 회향도 그와 같아서 그 자체가 미묘하여 볼 수 없느니라."

진여는 우주법계 모든 것의 근본 생명이다. 그러므로 따로 그 성품이 출현하는 것이 아니다. 선근 회향도 그 성품이 미묘하여 독립된 어떤 모습을 볼 수 있는 것이 아니다.

비여진여 이중구예 선근회향 역부
譬如眞如가 離衆垢翳인달하야 善根廻向도 亦復

여시 혜안청정 이제치예
如是하야 慧眼淸淨하야 離諸癡翳하며

"비유컨대 진여가 모든 때를 여의었듯이, 선근의 회향도 그와 같아서 지혜의 눈이 청정하여 모든 어리석음을 여의었느니라."

진여는 본성이 청정하여 아무런 때가 없다. 보살의 선근회향에도 무슨 장애가 있겠는가. 그대로가 청정한 지혜의 눈이다. 지혜 없는 사람이 무슨 선행을 닦겠는가. 그러므로 자비는 곧 지혜의 실천이 된다.

비여진여 성무여등 선근회향 역부
譬如眞如가 **性無與等**인달하야 **善根廻向**도 **亦復**

여시 성취일체제보살행 최상무등
如是하야 **成就一切諸菩薩行**하야 **最上無等**하며

"비유컨대 진여의 성품이 더불어 같을 이가 없듯이, 선근의 회향도 그와 같아서 모든 보살의 행을 성취하여 최상이므로 같을 이가 없느니라."

진여는 오직 진여일 뿐이다. 세상의 그 무엇과도 같을 것

이 없다. 선근 회향도 그와 같아서 일체 모든 보살행을 다 성취하여 가장 높아서 같을 이가 없다. 보살행이란 곧 선근 회향뿐이다. 무엇과 비교하겠는가.

비여진여 체성적정 선근회향 역부
譬如眞如가 體性寂靜인달하야 善根迴向도 亦復

여시 선능수순적정지법
如是하야 善能隨順寂靜之法하며

"비유컨대 진여의 체성이 고요하듯이, 선근의 회향도 그와 같아서 고요한 법을 잘 따르느니라."

진여의 적정성이다. 진여는 천변만화하면서 또한 그 근본은 적정하다. 보살이 아무리 큰 선행을 하더라도 아무런 행한 바가 없다. 보살의 선근 회향은 오로지 적정할 뿐이다.

비여진여 무유근본 선근회향 역부
譬如眞如가 無有根本인달하야 善根迴向도 亦復

여시　　능입일체무근본법
如是하야 **能入一切無根本法**하니라

"비유컨대 진여가 근본이 없듯이, 선근의 회향도 그와 같아서 온갖 근본이 없는 법에 들어가느니라."

진여는 모든 것의 모든 것이지만 그 근본은 없다. 보살이 선근으로 회향함도 근본이 없는 법에 들어간다. 진여상회향의 적절한 표현이다.

4〉 섭수함이 없는 진여의 덕의 열 가지 비유

비여진여　체성무변　　선근회향　역부
譬如眞如가 **體性無邊**인달하야 **善根迴向**도 **亦復**
여시　　정제중생　　기수무변
如是하야 **淨諸衆生**호대 **其數無邊**하며

"비유컨대 진여의 체성이 그지없듯이, 선근의 회향도 그와 같아서 중생을 청정케 하는 그 수효가 그지없느니라."

진여는 체성이 그지없어서 섭수할 그 무엇도 없다. 무엇이 진여를 섭수하겠는가. 선근 회향도 모든 중생을 청정하게 하되 그 수가 그지없어서 섭수할 수 없다.

비여진여 체성무착 선근회향 역부
譬如眞如가 **體性無着**인달하야 **善根廻向**도 **亦復**

여시 필경원리일체제착
如是하야 **畢竟遠離一切諸着**하며

"비유컨대 진여의 체성이 집착함이 없듯이, 선근의 회향도 그와 같아서 필경에 일체 모든 집착을 멀리 여의었느니라."

진여의 체성이 무슨 집착이 있겠는가. 진정한 선근 회향도 그와 같이 모든 집착을 멀리 떠났다.

비여진여 무유장애 선근회향 역부
譬如眞如가 **無有障礙**인달하야 **善根廻向**도 **亦復**

여시　　제멸일체세간장애
如是하야 除滅一切世間障礙하며

"비유컨대 진여는 장애할 것이 없듯이, 선근의 회향도 그와 같아서 모든 세간의 장애를 소멸하였느니라."

선근을 회향하는 데 누가 장애할 것이며, 무슨 장애가 있겠는가. 세상에는 자기 자신에게 이롭게 하는 사람을 방해할 사람은 아무도 없다. 선근 회향이란 이와 같이 훌륭한 일이다.

비여진여　비세소행　　선근회향　역부
譬如眞如가 非世所行인달하야 善根迴向도 亦復

여시　　비제세간지소능행
如是하야 非諸世間之所能行이며

"비유컨대 진여는 세간에서 행할 바가 아니듯이, 선근의 회향도 그와 같아서 모든 세간에서 능히 행할 바가 아니니라."

보살의 선근 회향은 이미 출세간의 일이다. 세간의 사람들은 모두 자기의 이익만을 생각하기 때문에 선행을 한다는 것을 생각할 여유가 없다. 다행히 선량한 마음을 일으켜서 선근을 닦는다면 그것은 이미 출세간의 일이다.

비여진여 체성무주 선근회향 역부
譬如眞如가 **體性無住**인달하야 **善根廻向**도 **亦復**
여시 일체생사 개비소주
如是하야 **一切生死**가 **皆非所住**며

"비유컨대 진여의 체성이 머무름이 없듯이, 선근의 회향도 그와 같아서 모든 생사의 머무르는 바가 아니니라."

보살의 선행은 일체 생사에 머무르지 않는다. 선행은 얼마나 훌륭하고 위대한 일인가. 생사에 머무르지 않는다는 것은 생사를 초월하여 열반의 저 언덕에 이르는 길이라는 뜻이다. 남을 위한 선행은 이와 같다. 부디 남이 싫어하는 것은 나에게 돌리고 나에게 좋은 것은 다른 사람에게 돌려야 할 것이다. 그것이 회향이다.

비여진여　성무소작　선근회향　역부
譬如眞如가 性無所作인달하야 善根廻向도 亦復

여시　일체소작　실개사리
如是하야 一切所作을 悉皆捨離하며

"비유컨대 진여의 성품이 지은 것이 아니듯이, 선근의 회향도 그와 같아서 온갖 지은 것을 모두 떠났느니라."

진여는 본래로 우주법계에 변만해 있는 것이다. 누가 지어서 비로소 존재하는 것이 아니다. 보살의 선근 회향도 일체 유위의 조작을 모두 떠나 있다. 만약 선근 회향이 유위의 조작이라면 그것은 진정한 선근 회향이 아니기 때문이다.

비여진여　체성안주　선근회향　역부
譬如眞如가 體性安住인달하야 善根廻向도 亦復

여시　안주진실
如是하야 安住眞實하며

"비유컨대 진여의 체성이 편안히 머물듯이, 선근의 회향도 그와 같아서 진실한 데 편안히 머무느니라."

비여진여 여일체법 이공상응 선
譬如眞如가 **與一切法**으로 **而共相應**인달하야 **善**
근회향 역부여시 여제보살 청문수습
根廻向도 **亦復如是**하야 **與諸菩薩**로 **聽聞修習**하야
이공상응
而共相應하며

"비유컨대 진여가 모든 법과 서로 응하듯이, 선근의 회향도 그와 같아서 보살들의 듣고 익히는 것으로 서로 응하느니라."

진정한 선근 회향은 언제나 진실에 안주한다. 또한 진여가 일체 법과 더불어 상응하듯이 선근 회향도 보살이 법을 듣고 법을 수행하는 데 상응한다. 선행을 행하는 것은 곧 가장 수승한 수행이기 때문이다. 남이 싫어하는 것을 나에게 돌리고 나에게 좋은 것을 다른 사람에게 돌리는 일보다 더 뛰어난 수행이 어디에 있겠는가.

비여진여 일체법중 성상평등 선근
譬如眞如가 **一切法中**에 **性常平等**인달하야 **善根**

회향 역부여시 어제세간 수평등행
廻向도 亦復如是하야 於諸世間에 修平等行하며

"비유컨대 진여가 모든 법에서 성품이 항상 평등하듯이, 선근의 회향도 그와 같아서 모든 세간에서 평등한 행을 닦느니라."

진여가 본래 갖춘 평등성이다. 진여는 우주만유에 그 성품이 항상 평등하다. 보살의 선근 회향도 모든 세간에서 평등한 행을 닦는다.

비여진여 불리제법 선근회향 역부
譬如眞如가 不離諸法인달하야 善根廻向도 亦復

여시 진미래제 불사세간
如是하야 盡未來際토록 不捨世間하니라

"비유컨대 진여가 모든 법을 여의지 아니하듯이, 선근의 회향도 그와 같아서 미래제未來際가 다하도록 세간을 버리지 아니하느니라."

진여는 모든 법과 늘 함께한다. 모든 법의 본성이 곧 진여이기 때문이다. 선근으로 회향하는 것도 그와 같아서 일체 법과 늘 함께하여 떠나 있지 아니한다.

5〉 모든 것과 다르지 않은 진여의 덕의 열 가지 비유

비여진여 일체법중 필경무진 선근
譬如眞如가 一切法中에 畢竟無盡인달하야 善根
회향 역부여시 어제중생 회향무진
廻向도 亦復如是하야 於諸衆生에 廻向無盡하며

"비유컨대 진여가 모든 법에서 필경까지 다함이 없듯이, 선근의 회향도 그와 같아서 모든 중생에게 회향함이 다하지 않느니라."

진여는 모든 법에서 끝까지 다함이 없다. 모든 법이 곧 진여의 법이기 때문이다. 이와 같이 선근 회향도 모든 중생에게 회향하는 것이 끝까지 다함이 없다. 중생이 끝이 없으나 그들 중생에게 선행을 베푸는 일이 다함이 없다.

비여진여　여일체법　무유상위　선
譬如眞如가 與一切法으로 無有相違인달하야 善

근회향　역부여시　불위삼세일체불법
根迴向도 亦復如是하야 不違三世一切佛法하며

"비유컨대 진여가 온갖 법과 서로 어기지 않듯이, 선근의 회향도 그와 같아서 삼세三世의 일체 불법佛法과 어기지 않느니라."

진여는 온갖 법이며, 온갖 법은 곧 진여다. 그러므로 온갖 법과 진여는 서로 어기지 않는다. 선근 회향도 그와 같아서 삼세 일체 불법과 어기지 않는다. 선근 회향이 곧 삼세 일체 불법이며, 삼세 일체 불법이 곧 선근 회향이다. 보라, 얼마나 명백한가. 불교는 선행이고, 선행이 불교다. 이것과 다른 것은 불교가 아니다. 성엄법사聖嚴法師가 말씀하였다. "불법에는 다른 것은 없고 오직 한 가지 맛만 있으니, 자신과 남을 이롭게 하는 해탈의 맛이다."[2)]

2) 佛法無他 只有一味 自利利人的解脫味也.

비여진여 보섭제법 선근회향 역부
譬如眞如가 普攝諸法인달하야 善根廻向도 亦復

여시 진섭일체중생선근
如是하야 盡攝一切衆生善根하며

"비유컨대 진여가 모든 법을 두루 포섭하였듯이, 선근의 회향도 그와 같아서 일체 중생의 선근을 모두 포섭하느니라."

진여는 모든 존재의 근본이므로 모든 법을 포섭한다. 보살이 선근을 닦아 회향하는 일은 일체 중생의 선근의 큰 바다가 되므로 그것을 다 포섭한다.

비여진여 여일체법 동기체성 선
譬如眞如가 與一切法으로 同其體性인달하야 善

근회향 역부여시 여삼세불 동일체성
根廻向도 亦復如是하야 與三世佛로 同一體性하며

"비유컨대 진여가 온갖 법과 더불어 그 체성이 같듯이, 선근의 회향도 그와 같아서 삼세 부처님과 체성이 같으니라."

진여는 일체 법의 체성이 된다. 그것이 제법본체성이다. 선근 회향도 삼세 모든 부처님과 동일한 체성이 된다. 만약 선행이 없다면 어찌 부처님에게 가까이 갈 수 있겠는가.

비여진여 여일체법 불상사리 선
譬如眞如가 **與一切法**으로 **不相捨離**인달하야 **善**
근회향 역부여시 섭지일체세출세법
根廻向도 **亦復如是**하야 **攝持一切世出世法**하며

"비유컨대 진여가 온갖 법과 더불어 서로 떠나지 않듯이, 선근의 회향도 그와 같아서 모든 세간법과 출세간법을 섭수하여 가지느니라."

진여는 온갖 법이며, 온갖 법은 곧 진여다. 진여에서 천변만화하여 온갖 법으로 나타난다. 선근 회향도 일체 세간법과 출세간법을 모두 섭수하여 지닌다.

비여진여　무능영폐　　선근회향　역부
譬如眞如가 無能暎蔽인달하야 善根廻向도 亦復

여시　일체세간　무능영폐
如是하야 一切世間이 無能暎蔽하며

"비유컨대 진여가 능히 덮어서 가려 버릴 수 없듯이, 선근의 회향도 그와 같아서 모든 세간이 능히 덮어서 가려 버릴 수 없느니라."

진여는 눈에 보이고 귀에 들리며 마음에 포착되는 일체 것이어서 어떤 것도 진여를 덮어서 가려 버릴 수 없다. 선근회향도 세간이 능히 덮어서 가려 버릴 수 없다. 선행은 저절로 드러나기 때문이다.

비여진여　불가동요　　선근회향　역부
譬如眞如가 不可動搖인달하야 善根廻向도 亦復

여시　일체마업　무능동요
如是하야 一切魔業이 無能動搖하며

"비유컨대 진여가 동요하지 않듯이, 선근의 회향도 그

와 같아서 모든 마군의 업業이 능히 동요할 수 없느니라."

현상은 동요하는 가운데 그 본성인 진여는 동요하지 않는다. 선근 회향도 일체 마군의 업이 능히 동요할 수 없다. 세상에서 선행 공덕을 많이 쌓은 사람을 누가 움직일 수 있겠는가. 그 사람이 세상을 움직일 뿐이다.

비여진여　성무구탁　　선근회향　역부
譬如眞如가 **性無垢濁**인달하야 **善根廻向**도 **亦復**

여시　수보살행　무유구탁
如是하야 **修菩薩行**하야 **無有垢濁**하며

"비유컨대 진여의 성품에 때[垢]가 없듯이, 선근의 회향도 그와 같아서 보살의 행行을 닦으매 때가 없느니라."

순수한 보살의 요익중생 정신에 의하여 선행을 닦으면 그곳에는 번뇌의 때가 있을 수 없다. 과보를 바라거나 대가를 바라는 등의 때가 있을 수 없다. 오로지 중생만을 생각할 뿐이다.

비여진여　무유변역　　선근회향　역부
譬如眞如가 無有變易인달하야 善根廻向도 亦復

여시　민념중생　심무변역
如是하야 愍念衆生하야 心無變易하며

"비유컨대 진여가 변역變易함이 없듯이, 선근의 회향도 그와 같아서 중생을 불쌍히 여기는 마음에 변역함이 없느니라."

진여는 영원히 변하지 않는 여여한 경지이다. 보살이 선행을 널리 펼치는 일도 오직 중생을 불쌍히 여길 뿐 마음에 변역하는 바가 없다.

비여진여　불가궁진　　선근회향　역부
譬如眞如가 不可窮盡인달하야 善根廻向도 亦復

여시　비제세법　소능궁진
如是하야 非諸世法의 所能窮盡이니라

"비유컨대 진여가 다할 수가 없듯이, 선근의 회향도 그와 같아서 모든 세상 법으로 능히 다할 수 없느니라."

진여의 무변역성과 불가궁진성不可窮盡性을 들었다. 보살의 중생을 요익하게 하기 위한 선근 회향은 변할 수 없고 다할 수도 없다.

6〉 증감이 없는 진여의 덕의 열 가지 비유 1

비여진여 성상각오 선근회향 역부
譬如眞如가 **性常覺悟**인달하야 **善根廻向**도 **亦復**

여시 보능각오일체제법
如是하야 **普能覺悟一切諸法**하며

"비유컨대 진여의 성품은 항상 깨달음이듯이, 선근의 회향도 그와 같아서 일체 모든 법을 능히 깨닫느니라."

불교를 깨달음의 종교라고 한다. 그 깨달음은 궁극에 무엇을 하자는 것인가. 요익중생의 선근 회향을 널리 펼치자는 것이다. 진여는 그 본성이 항상 깨어 있는 공적한 가운데 신령스럽게 아는 것이다. 그와 같은 진여의 본성처럼 선근 회향도 일체 제법을 널리 깨어 있게 하는 것이다.

비여진여 불가실괴 선근회향 역부
譬如眞如가 不可失壞인달하야 善根迴向도 亦復

여시 어제중생 기승지원 영불실괴
如是하야 於諸衆生에 起勝志願하야 永不失壞하며

"비유컨대 진여는 잃어버리고 파괴될 수 없듯이, 선근의 회향도 그와 같아서 중생들에게 수승한 뜻과 원願을 일으켜 영원히 잃어버리고 파괴되지 않느니라."

비여진여 능대조명 선근회향 역부
譬如眞如가 能大照明인달하야 善根迴向도 亦復

여시 이대지광 조제세간
如是하야 以大智光으로 照諸世間하며

"비유컨대 진여가 능히 크게 비추듯이, 선근의 회향도 그와 같아서 큰 지혜의 광명으로 세간을 비추느니라."

선행같이 밝게 빛나는 것은 없다. 중생을 위한 온갖 선행은 저 밝은 태양이다. 그래서 선행은 진여와 같이 온 세상을 환하게 비춘다. 선행만이 할 일이다. 자신에게도 바른 선행을 하고 다른 사람에게도 바른 선행을 하는 것, 이것이 정법

해탈의 한 맛이다.

비여진여　불가언설　　선근회향　역부
譬如眞如가 不可言說인달하야 善根廻向도 亦復

여시　일체언어　소불가설
如是하야 一切言語로 所不可說이며

"비유컨대 진여는 말로 형용할 수 없듯이, 선근의 회향도 그와 같아서 모든 말로 말할 수 없느니라."

진여를 설명하고, 생명을 설명하고, 불성을 설명하고, 법성을 설명하지만 그 참모습은 언어로 설명되지 않는다. 선행으로 요익중생하는 일도 그 진실을 언어로 설명할 수 없다.

비여진여　지제세간　　선근회향　역부
譬如眞如가 持諸世間인달하야 善根廻向도 亦復

여시　능지일체보살제행
如是하야 能持一切菩薩諸行하며

"비유컨대 진여가 모든 세간을 유지하듯이, 선근의 회향도 그와 같아서 일체 보살의 모든 행行을 능히 지니느니라."

선행이 보살행이며 보살행이 선행이다. 진여가 모든 세상을 지니듯이 선행은 일체 보살의 중생을 요익하게 하는 행을 다 지닌다. 이와 같이 불교는 선행을 하라는 가르침이다.

비여진여　수세언설　　선근회향　역부
譬如眞如가 隨世言說인달하야 **善根迴向**도 **亦復**
여시　수순일체지혜언설
如是하야 **隨順一切智慧言說**하며

"비유컨대 진여가 세상의 말[言]을 따르듯이 선근의 회향도 그와 같아서 모든 지혜의 말을 따르느니라."

지혜의 말은 무엇이며 어떤 것인가. 선행을 하게 하는 말이며, 중생에게 유익한 말이며, 바른 말이다. 설사 바른 말이라 하더라도 만약 중생에게 유익하지 않다면 그것은 지혜로운 말이 아니다.

비여진여　변일체법　선근회향　역부
譬如眞如가 **偏一切法**인달하야 **善根廻向**도 **亦復**
여시　변어시방일체불찰　현대신통　성
如是하야 **偏於十方一切佛刹**하야 **現大神通**하야 **成**
등정각
等正覺하며

"비유컨대 진여가 모든 법에 두루 하듯이, 선근의 회향도 그와 같아서 시방十方의 일체 부처님 세계에 두루 하여서 큰 신통을 나타내고 등정각等正覺을 이루느니라."

선행이 신통이고 선행이 등정각이다. 만약 중생에게 선근 회향이 없는 신통과 이익이 없는 등정각이라면 그것은 바른 신통이 아니며 바른 등정각이 아니다. 중생에게 유익한 선행이 시방 일체 세계에 두루 한 것이 선근 회향이다.

비여진여　무유분별　　선근회향　역부
譬如眞如가 無有分別인달하야 善根廻向도 亦復

여시　　어제세간　무소분별
如是하야 於諸世間에 無所分別하며

"비유컨대 진여가 분별이 없듯이, 선근의 회향도 그와 같아서 모든 세간에서 분별할 것이 없느니라."

보살이 널리 선행을 행하는데 무슨 분별이 있으며 무슨 차별이 있겠는가. 선근 회향은 이와 같이 일체 분별과 차별 없이 펼치는 것이다.

비여진여　변일체신　　선근회향　역부
譬如眞如가 徧一切身인달하야 善根廻向도 亦復

여시　　변시방찰무량신중
如是하야 徧十方刹無量身中하며

"비유컨대 진여가 모든 몸에 두루 하였듯이, 선근의 회향도 그와 같아서 시방세계의 한량없는 몸에 두루 하였느니라."

선행이야말로 진여와 같이 시방세계에 두루 하다. 십바라밀과 사무량심과 십선과 사섭법과 인의예지가 시방에 두루 한 세상이 부처님의 꿈이며 일체 보살의 꿈이며 불교의 꿈이다.

비여진여 체성무생 선근회향 역부
譬如眞如가 體性無生인달하야 善根廻向도 亦復
여시 방편시생 이무소생
如是하야 方便示生호대 而無所生하나니라

"비유컨대 진여의 체성體性이 나는 일이 없듯이, 선근의 회향도 그와 같아서 방편으로 나는 일을 보이지만 나는 바가 없느니라."

진여는 그 체성이 불생불멸이다. 선근 회향도 생멸이 있는 듯이 보이나 실상은 불생불멸이다.

7〉 법에 다름이 없는 진여의 덕의 열 가지 비유

비여진여 무소부재 선근회향 역부
譬如眞如가 無所不在인달하야 善根廻向도 亦復

여시 시방삼세제불토중 보현신통 이무
如是하야 十方三世諸佛土中에 普現神通하야 而無

부재
不在하며

"비유컨대 진여가 있지 않은 데가 없듯이, 선근의 회향도 그와 같아서 시방 삼세 모든 부처님의 국토에서 신통을 널리 나타내어 있지 않은 데가 없느니라."

진여는 무소부재다. 우주법계 모든 것이 진여이기 때문이다. 선근으로 회향하는 일도 그와 같아서 시방 삼세 일체 세계에 있지 않은 데가 없으며 통하지 않는 데가 없다. 그러므로 선근이 일체다.

비여진여 변재어야 선근회향 역부
譬如眞如가 徧在於夜인달하야 善根廻向도 亦復

여시　　어일체야　방대광명　　시작불사
如是하야 於一切夜에 放大光明하야 施作佛事하며

"비유컨대 진여가 밤에 두루 하여 있듯이, 선근의 회향도 그와 같아서 모든 밤에 큰 광명을 놓아 불사佛事를 짓느니라."

진여가 밤에 어둡다고 해서 두루 하지 않은 것이 아니다. 그와 같이 선근 회향도 아무리 어두운 밤이라도 큰 광명을 놓아 불사를 짓는다. 선행 그 자체가 곧 가장 중요한 불사이다.

비여진여　변재어주　　선근회향　역부
譬如眞如가 偏在於晝인달하야 善根廻向도 亦復

여시　실령일체재주중생　　견불신변　　연
如是하야 悉令一切在晝衆生으로 見佛神變하고 演

불퇴륜　　이구청정　　무공과자
不退輪하야 離垢淸淨하야 無空過者하며

"비유컨대 진여가 낮에 두루 하여 있듯이, 선근의 회

향도 그와 같아서 모든 낮에 있는 중생으로 하여금 부처님의 신통변화를 보고 물러나지 않는 법을 연설하매 때를 여의고 청정하여 헛되이 지나는 이가 없게 하느니라."

진여가 낮에 두루 하여 있듯이 선근 회향도 일체 낮에 있는 중생들에게 부처님의 신통변화를 보게 하고 물러나지 않는 법륜을 연설하여 번뇌의 때를 떠나 청정케 한다.

비여진여 변재반월 급이일월 선근
譬如眞如가 **徧在半月**과 **及以一月**인달하야 **善根**
회향 역부여시 어제세간차제시절 득선
迴向도 **亦復如是**하야 **於諸世間次第時節**에 **得善**
방편 어일념중 지일체시
方便하야 **於一念中**에 **知一切時**하며

"비유컨대 진여가 반半달에나 한 달에 두루 하여 있듯이, 선근의 회향도 그와 같아서 모든 세간의 시절을 따라 좋은 방편을 얻어 한순간에 모든 시간을 아느니라."

비여진여　변재연세　　　선근회향　역부
譬如眞如가 徧在年歲인달하야 善根廻向도 亦復

여시　　주무량겁　　명료성숙일체제근　　개
如是하야 住無量劫하야 明了成熟一切諸根하야 皆

령원만
令圓滿하며

"비유컨대 진여가 세세歲歲에 두루 하여 있듯이, 선근의 회향도 그와 같아서 무량한 겁을 지내면서 모든 근성을 분명히 알고 성숙하여 다 원만케 하느니라."

비여진여　변성괴겁　　　선근회향　역부
譬如眞如가 徧成壞劫인달하야 善根廻向도 亦復

여시　　주일체겁　　청정무염　　교화중생
如是하야 住一切劫호대 淸淨無染하야 敎化衆生하야

함령청정
咸令淸淨하며

"비유컨대 진여가 이루는 겁[成劫]에나 무너지는 겁[壞劫]에 두루 하였듯이, 선근의 회향도 그와 같아서 모든 겁에 있으면서 깨끗하고 물들지 않아 중생을 교화하여 청정케 하느니라."

비여진여 진미래제 선근회향 역부
譬如眞如가 盡未來際인달하야 善根廻向도 亦復

여시 진미래제 수제보살 청정묘행
如是하야 盡未來際토록 修諸菩薩의 淸淨妙行하야

성만대원 무유퇴전
成滿大願하야 無有退轉하며

"비유컨대 진여가 오는 세월이 끝나도록 있듯이, 선근의 회향도 그와 같아서 오는 세월이 끝나도록 모든 보살의 청정한 행을 닦아서 큰 서원을 만족하고 퇴전하지 않느니라."

비여진여 변주삼세 선근회향 역부
譬如眞如가 徧住三世인달하야 善根廻向도 亦復

여시 영제중생 어일찰나 견삼세불
如是하야 令諸衆生으로 於一刹那에 見三世佛하야

미증일념 이유사리
未曾一念도 **而有捨離**하며

"비유컨대 진여가 삼세에 두루 하듯이, 선근의 회향도 그와 같아서 중생들로 하여금 한 찰나 동안에 삼세의 부처님을 보면서 잠깐도 여의지 않느니라."

비여진여 변일체처 선근회향 역부
譬如眞如가 **徧一切處**인달하야 **善根迴向**도 **亦復**

여시 초출삼계 주변일체 실득자재
如是하야 **超出三界**하야 **周徧一切**하야 **悉得自在**하며

"비유컨대 진여가 모든 곳에 두루 하였듯이, 선근의 회향도 그와 같아서 삼계에서 뛰어나 온갖 것에 두루 하여 자재하게 되느니라."

진여가 반달이든 한 달이든, 연년세세든, 성겁이든 괴겁이든, 미래 세상이 다하든, 모든 과거 현재 미래든 간에 낱낱이 두루 하여 없는 시간이 없듯이 선근 회향도 그와 같이 일체 시간에 두루 하여 없는 시간이 없다. 모든 시간과 모든

공간에 두루 하지 않은 데가 없는 것이 선근 회향이다.

비여진여 주유무법 선근회향 역부
譬如眞如가 住有無法인달하야 善根廻向도 亦復

여시 요달일체유무지법 필경청정
如是하야 了達一切有無之法이 畢竟淸淨하니라

"비유컨대 진여가 있는 법과 없는 법에 머물러 있듯이, 선근의 회향도 그와 같아서 모든 있는 법, 없는 법을 통달하여 끝까지 청정하니라."

진여는 유법이든 무법이든 모든 법에 머문다. 선근 회향도 그와 같아서 일체 유법이나 무법이나 필경에 요달하지 않는 것이 없다. 곧 선근은 무소불통이다. 그러므로 선근이 가장 위대한 법이다.

8〉 증감이 없는 진여의 덕의 열 가지 비유 2

비여진여 체성청정 선근회향 역부
譬如眞如가 體性淸淨인달하야 善根廻向도 亦復

여시　　능이방편　　집조도법　　정치일체제
如是하야 能以方便으로 集助道法하야 淨治一切諸

보살행
菩薩行하며

"비유컨대 진여의 체성體性이 청정하듯이, 선근의 회향도 그와 같아서 방편으로써 도道를 돕는 법[助道法]을 모아 일체 모든 보살의 행을 깨끗이 하느니라."

진여는 그 체성이 청정하다. 훌륭하다. 선근으로 회향함도 그와 같아서 온갖 방편으로 조도의 법을 모아 일체 보살의 행을 청정하게 다스린다. 선근만으로도 도가 되고 도를 닦는 법이 된다.

비여진여　　체성명결　　　선근회향　　역부
譬如眞如가 體性明潔인달하야 善根廻向도 亦復

여시　　영제보살　　실득삼매명결지심
如是하야 令諸菩薩로 悉得三昧明潔之心하며

"비유컨대 진여의 체성이 밝고 깨끗하듯이, 선근의

회향도 그와 같아서 모든 보살로 하여금 삼매의 밝고 깨끗한 마음을 얻게 하느니라."

진여의 체성은 맑고 청정하다. 선근 회향은 삼매가 되고 맑고 청정한 마음이 된다.

비여진여 체성무구 선근회향 역부
譬如眞如가 **體性無垢**인달하야 **善根迴向**도 **亦復**

여시 원리제구 만족일체제청정의
如是하야 **遠離諸垢**하야 **滿足一切諸淸淨意**하며

"비유컨대 진여의 체성이 때가 없듯이, 선근의 회향도 그와 같아서 여러 가지 때를 여의고 일체 모든 청정한 뜻을 만족하느니라."

진여의 체성은 번뇌의 때가 없다. 선근 회향도 모든 번뇌의 때를 멀리 떠난다. 일체 모든 청정한 뜻을 만족한다. 오직 나와 남이 함께 유익한 선행만이 있거늘 무슨 시비와 갈등이 있겠는가.

비여진여　무아아소　　선근회향　역부
譬如眞如가 無我我所인달하야 善根廻向도 亦復

여시　이무아아소청정지심　충만시방제
如是하야 以無我我所清淨之心으로 充滿十方諸

불국토
佛國土하며

"비유컨대 진여가 '나'와 '나의 것'이 없듯이, 선근의 회향도 그와 같아서 '나'와 '나의 것'이 없는 청정한 마음으로 시방의 모든 부처님 국토에 충만하니라."

진여는 '나'와 '나의 것'이 없이 오직 완전한 하나다. 진정한 선근 회향도 '나'와 '나의 것'이 없는 혼연일체다. 나와 남이 혼연일체일 때 진실한 선행이 된다. 그것은 곧 진여적 선행이다.

비여진여　체성평등　　선근회향　역부
譬如眞如가 體性平等인달하야 善根廻向도 亦復

여시　획득평등일체지지　조료제법　이
如是하야 獲得平等一切智智하야 照了諸法하야 離

제치예
諸癡翳하며

"비유컨대 진여의 체성이 평등하듯이, 선근의 회향도 그와 같아서 평등한 일체 지혜의 지혜를 얻어 모든 법을 비추어 알고 모든 어리석음을 여의느니라."

선근 회향으로 평등한 일체 지혜의 지혜를 다 얻는다. 또 모든 법을 비추어 알고 모든 어리석음을 떠난다. 즉 선행은 곧 일체 지혜며 일체 법을 환히 아는 길이다. 그러므로 모든 불법 가운데 선근 회향이 가장 수승한 법이다.

비여진여 초제수량 선근회향 역부
譬如眞如가 超諸數量인달하야 善根廻向도 亦復

여시 여초수량일체지승대력법장 이동
如是하야 與超數量一切智乘大力法藏으로 而同

지주 흥변시방일체세계광대법운
止住하야 興徧十方一切世界廣大法雲하며

"비유컨대 진여가 모든 수량數量을 초월하듯이, 선근

의 회향도 그와 같아서 수량을 초월한 일체 지혜의 법인 큰 힘을 가진 법장法藏과 더불어 함께 있으면서 시방의 모든 세계에 광대한 법의 구름을 널리 일으키느니라."

진여는 하나이며 전체다. 또 전체며 하나이다. 그래서 일체 수량을 초월하였다. 선근 회향도 그와 같아서 수량을 초월한 일체 지혜의 법인 큰 힘을 가진 법장法藏과 더불어 함께 있다. 그리고 시방의 모든 세계에 광대한 법의 구름을 널리 일으킨다.

비여진여 평등안주 선근회향 역부
譬如眞如가 平等安住인달하야 善根廻向도 亦復

여시 발생일체제보살행 평등주어일체
如是하야 發生一切諸菩薩行하야 平等住於一切

지도
智道하며

"비유컨대 진여가 평등하게 머물듯이, 선근의 회향도 그와 같아서 일체 모든 보살의 행行을 발생하여 일체 지혜의 길에 평등하게 머무느니라."

진여도 평등하게 머물고 선근 회향도 일체 보살의 행을 발생하여 일체 지혜의 길에 평등하게 머문다. 보살의 선행은 평등으로 근본을 삼는다. 보살이 선행을 행하는데 무슨 차별이 있겠는가. 차별이 있으면 요익중생하는 보살행이 아니다.

비여진여 변주일체제중생계 선근회
譬如眞如가 **徧住一切諸衆生界**인달하야 **善根廻**
향 역부여시 만족무애일체종지 어중
向도 **亦復如是**하야 **滿足無礙一切種智**하야 **於衆**
생계 실현재전
生界에 **悉現在前**하며

"비유컨대 진여가 모든 중생세계에 두루 있듯이, 선근의 회향도 그와 같아서 걸림이 없는 일체 종지를 만족하고 중생계의 앞에 모두 나타나느니라."

진여는 일체 중생세계에 두루 머문다. 보살의 선행도 걸림이 없는 일체 종지를 만족하여 중생세계 앞에 모두 평등하게 나타난다.

비여진여 무유분별 보주일체음성지중
譬如眞如가 **無有分別**호대 **普住一切音聲智中**

선근회향 역부여시 구족일체제언
인달하야 **善根廻向**도 **亦復如是**하야 **具足一切諸言**

음지 능보시현종종언음 개시중생
音智하야 **能普示現種種言音**하야 **開示衆生**하며

"비유컨대 진여가 분별이 없되 일체 음성의 지혜 속에 널리 두루 있듯이, 선근의 회향도 그와 같아서 일체 모든 말과 음성의 지혜를 구족하고 갖가지 말을 널리 나타내 보여서 중생들에게 열어 보이느니라."

진여는 분별이 없고 차별도 없다. 그래서 일체 음성에까지 널리 머문다. 보살의 선근 회향도 일체 음성의 지혜를 구족하여 가지가지 음성과 말을 중생들에게 열어 보인다. 아름다운 음악과 법문의 소리까지 일체가 훌륭한 선근 회향이다.

비여진여　영리세간　선근회향　역부
譬如眞如가 永離世間인달하야 善根廻向도 亦復

여시　보사중생　영출세간
如是하야 普使衆生으로 永出世間하니라

"비유컨대 진여가 세간을 아주 여의었듯이, 선근의 회향도 그와 같아서 중생들로 하여금 세간에서 뛰어나게 하느니라."

진여는 일체 세간이면서 또한 일체 세간을 멀리 떠나 있다. 선근 회향도 일체 세간과 함께하면서 일체 세간을 초월한 경지이다.

9) 지혜가 자재하게 의지하는 진여의 덕의 열 가지 비유

비여진여　체성광대　선근회향　역부
譬如眞如가 體性廣大인달하야 善根廻向도 亦復

여시　실능수지거래금세광대불법　항불
如是하야 悉能受持去來今世廣大佛法하야 恒不

망실　근수일체보살제행
忘失하고 勤修一切菩薩諸行하며

"비유컨대 진여의 체성이 광대하듯이, 선근의 회향도 그와 같아서 과거 미래 현재의 광대한 불법佛法을 받아 지니고 항상 잃어버리지 아니하며 일체 보살의 모든 행을 부지런히 닦느니라."

진여는 드넓은 우주법계 전체로써 체성을 삼는다. 선근으로 회향함도 그와 같아서 과거 미래 현재의 광대한 불법을 받아들여 항상 지닌다. 언제나 잃어버리지 않고 일체 보살의 행을 부지런히 수행한다. 즉 선근 회향은 곧 일체 불법이며 일체 불법은 곧 선근 회향이다.

비여진여 무유간식 선근회향 역부
譬如眞如가 **無有間息**인달하야 **善根廻向**도 **亦復**

여시 위욕안처일체중생어대지지 어일
如是하야 **爲欲安處一切衆生於大智地**하야 **於一**

체겁 수보살행 무유간식
切劫에 **修菩薩行**하야 **無有間息**하며

"비유컨대 진여가 중간에 쉬는 일이 없듯이, 선근의

회향도 그와 같아서 일체 중생을 큰 지혜의 지위에 편안히 있게 하려고 일체 겁劫에서 보살의 행行을 닦으며 중간에 쉬는 일이 없느니라."

진여는 공간적으로 우주에 변만할 뿐만 아니라 시간적으로도 일체 겁에 변만하여 중간에 쉬는 일이 없다. 선근 회향도 그와 같아서 일체 중생을 큰 지혜의 지위에 편안히 있게 하려고 일체 겁에서 보살의 행을 닦으며 중간에 쉬는 일이 없다.

비여진여 체성관광 변일체법 선
譬如眞如가 **體性寬廣**하야 **徧一切法**인달하야 **善**
근회향 역부여시 정념무애 보섭일체
根廻向도 **亦復如是**하야 **淨念無礙**하야 **普攝一切**
관광법문
寬廣法門하며

"비유컨대 진여가 체성이 넓어서 일체 법에 두루 하듯이, 선근의 회향도 그와 같아서 청정한 생각이 걸림이 없어 모든 넓은 법문을 두루 거두어 가지느니라."

진여의 자체 성품은 넓고 넓어 일체 법에 두루 하다. 선근 회향도 그와 같아서 청정한 생각이 걸림이 없어 일체 넓고 넓은 법문을 널리 섭수한다. 선근 회향이 어디엔들 통하지 않겠는가. 평범한 세상에서도 내가 다른 이를 이롭게 하면 다 좋아한다. 그리고 다 통한다. 이것이 선행의 위력이다.

비여진여 변섭군품 선근회향 역부
譬如眞如가 **徧攝群品**인달하야 **善根廻向**도 **亦復**
여시 증득무량품류지지 수제보살진실
如是하야 **證得無量品類之智**하야 **修諸菩薩眞實**
묘행
妙行하며

"비유컨대 진여가 여러 종류의 중생을 두루 포섭하듯이, 선근의 회향도 그와 같아서 한량없는 종류의 지혜를 증득하고 보살의 진실하고 미묘한 행을 닦느니라."

진여는 모든 중생과 사성四聖 육범六凡 어디에도 다 두루 하여 있다. 이와 같이 선근 회향도 한량없는 종류의 지혜를 증득하여 모든 보살의 진실하고 미묘한 행을 다 닦는다. 선근 회향이 곧 지혜며 보살행이며 불법이다.

비여진여 무소취착 선근회향 역부
譬如眞如가 **無所取着**인달하야 **善根廻向**도 **亦復**
여시 어일체법 개무소취 제멸일체세
如是하야 **於一切法**에 **皆無所取**하야 **除滅一切世**
간취착 보령청정
間取着하야 **普令淸淨**하며

"비유컨대 진여가 취하는 바가 없듯이, 선근의 회향도 그와 같아서 일체 법을 다 취하는 바가 없으며 일체 세간의 집착을 멸하여 모두 청정케 하느니라."

진여는 모든 존재의 근본이다. 특별히 분별하여 취하는 바가 있겠는가. 선근 회향도 그와 같이 일체 법에 취하는 바가 없으며 다시 일체 세간의 집착을 모두 소멸하기까지 한다. 그래서 널리 청정하게 하는 것이 선근 회향이다. 부연하면 보살의 선행은 그 대상을 차별하거나 분별하여 집착하는 바가 없다. 취사 선택도 없다. 가을 하늘처럼 툭 터져 맑고 청정하다.

비여진여　체성부동　선근회향　역부
譬如眞如가 **體性不動**인달하야 **善根廻向**도 **亦復**

여시　안주보현원만행원　필경부동
如是하야 **安住普賢圓滿行願**하야 **畢竟不動**하며

"비유컨대 진여의 체성이 동動하지 않듯이, 선근의 회향도 그와 같아서 보현普賢의 원만한 행行과 원願에 머물러 있어 끝까지 동하지 않느니라."

보살이 선근을 닦아 회향하는 일은 보현보살의 원만한 행과 원에 머물러 있어 끝까지 동하지 않는 것이다. 선행은 보살의 영원히 움직일 수 없는 업이다.

비여진여 시불경계 선근회향 역부여
譬如眞如가 是佛境界하야 善根廻向도 亦復如

시 영제중생 만족일체대지경계 멸번
是하야 令諸衆生으로 滿足一切大智境界하야 滅煩

뇌경 실령청정
惱境하야 悉令淸淨하며

"비유컨대 진여가 부처님의 경계이듯이, 선근의 회향도 그와 같아서 중생들에게 모든 큰 지혜의 경계를 만족하고 번뇌의 경계를 멸하여 청정케 하느니라."

진여는 곧 부처님의 경계며, 부처님의 경계는 곧 진여생명의 경계다. 진여는 곧 무위진인無位眞人의 경계며 참마음, 참사람의 경계다. 보살의 선근 회향도 큰 지혜의 경계이므로 모든 번뇌가 다 사라진 청정한 경계다. 오로지 선근으로 회향하는 사람에게 무슨 번뇌가 있겠는가.

비여진여 무능제복 선근회향 역부
譬如眞如가 無能制伏인달하야 善根廻向도 亦復

여시　　불위일체중마사업　외도사론지소제
如是하야 不爲一切衆魔事業과 外道邪論之所制

복
伏하며

"비유컨대 진여를 능히 제어할 이가 없듯이, 선근의 회향도 그와 같아서 일체 마군의 일이나 외도의 삿된 논리로 제어함이 되지 않느니라."

세상에서 가장 제어하기 어렵고 힘이 강한 것은 선행이다. 어떤 마군도 어떤 외도도 선행 앞에는 다 굴복한다.

비여진여　비시가수　비불가수　　　선근
譬如眞如가 非是可修며 非不可修인달하야 善根

회향　역부여시　　사리일체망상취착　　어
廻向도 亦復如是하야 捨離一切妄想取着하야 於

수불수　무소분별
修不修에 無所分別하며

"비유컨대 진여가 닦을 것도 아니고 닦지 못할 것도

아니듯이, 선근의 회향도 그와 같아서 일체 망상과 집착함을 여의어 '닦는다.' '닦지 않는다.'에 분별할 바가 아니니라."

진여는 모든 존재와 일체 법의 본질이다. 무슨 닦고 닦지 아니할 것이 있겠는가. 선근 회향도 그와 같아서 일체 망상과 집착함을 여의어서 '닦는다.' '닦지 않는다.'에 분별할 바가 없다. 선행은 일체 망상이 다 사라진 경지이다.

비여진여 무유퇴사 선근회향 역부
譬如眞如가 **無有退捨**인달하야 **善根廻向**도 **亦復**

여시 상견제불 발보리심 대서장엄
如是하야 **常見諸佛**하고 **發菩提心**하야 **大誓莊嚴**하야

영무퇴사
永無退捨하나니라

"비유컨대 진여가 물러가거나 버림이 없듯이, 선근의 회향도 그와 같아서 항상 모든 부처님을 뵈옵고 보리심을 내며 큰 서원으로 장엄하고 영원히 물러가거나 버림

이 없느니라."

보살의 선근 회향은 그 자체가 모든 부처님을 뵙는 일이며, 보리심을 내는 일이며, 큰 서원으로 장엄하는 일이며, 불도에서 영원히 물러가지 않는 일이다. 그러므로 선근 회향은 불법의 모든 것이다.

10〉 업이 자재하게 의지하는 진여의 덕의 열 가지 비유

譬如眞如가 普攝一切世間言音인달하야 善根迴向도 亦復如是하야 能得一切差別言音神通智慧하야 普發一切種種言詞하며

(비여진여 보섭일체세간언음 선근회향 역부여시 능득일체차별언음신통지혜 보발일체종종언사)

"비유컨대 진여가 일체 세간의 음성을 두루 포섭하듯이, 선근의 회향도 그와 같아서 일체 차별한 음성과 신통과 지혜를 얻고서 일체 갖가지 말을 두루 내느니라."

보살의 선근 회향은 가지가지 다른 음성과 말과 신통과 지혜를 얻는다. 또 일체 차별한 말을 두루 다 말할 수 있다. 예컨대 다른 나라를 여행할 때 그 나라의 말을 못해도 돈으로 물건을 사는 데는 아무런 어려움이 없다. 하물며 보시를 하며 선행을 베푸는 일이야 누구에겐들 통하지 않겠는가.

비여진여 어일체법 무소희구 선근
譬如眞如가 **於一切法**에 **無所希求**인달하야 **善根**

회향 역부여시 영제중생 승보현승
廻向도 **亦復如是**하야 **令諸衆生**으로 **乘普賢乘**하고

이득출리 어일체법 무소탐구
而得出離하야 **於一切法**에 **無所貪求**하며

"비유컨대 진여가 일체 법에 구하는 것이 없듯이, 선근의 회향도 그와 같아서 중생들로 하여금 보현의 수레를 타고 벗어나게 하되 일체 법에 탐하는 일이 없느니라."

보현의 수레란 보현보살의 행원行願의 수레다. 보살의 선

근 회향은 이 수레로 생사의 번뇌에서 벗어나는 길이 되어 일체 법에 탐하는 바가 없다.

譬如眞如가 住一切地인달하야 善根廻向도 亦復如是하야 令一切衆生으로 捨世間地하고 住智慧地하야 以普賢行으로 而自莊嚴하며

(비여진여 주일체지 선근회향 역부여시 영일체중생 사세간지 주지혜지 이보현행 이자장엄)

"비유컨대 진여가 온갖 지위에 머물듯이, 선근의 회향도 그와 같아서 일체 중생으로 하여금 세간의 지위를 버리고 지혜의 지위에 머물러서 보현의 행行으로 스스로 장엄하느니라."

보살의 선근 회향은 일체 중생으로 하여금 탐욕으로 물든 세간의 지위를 버리고 지혜의 지위에 머물게 한다. 또 보살의 선근 회향은 보현보살의 위대한 행원으로 스스로를 아름답게 장엄하게 한다.

비여진여 무유단절 선근회향 역부
譬如眞如가 無有斷絶인달하야 善根廻向도 亦復

여시 어일체법 득무소외 수기류음
如是하야 於一切法에 得無所畏하고 隨其類音하야

처처연설 무유단절
處處演說하야 無有斷絶하며

"비유컨대 진여가 끊어짐이 없듯이, 선근의 회향도 그와 같아서 온갖 법에 두려움이 없어지고 여러 종류의 소리를 따라 가는 곳마다 연설하여 끊어짐이 없느니라."

보살의 선행은 한두 번 행하고 마는 것이 아니다. 시간이 아무리 길더라도 끊어짐 없이 계속해서 행하고, 공간이 아무리 넓더라도 그 넓은 공간을 다 채워 실천한다. 특히 진리의 가르침으로 선근 회향하는 일은 곳곳에서 연설하여 끊어짐이 없게 한다.

비여진여 사리제루 선근회향 역부
譬如眞如가 捨離諸漏인달하야 善根廻向도 亦復

여시　영일체중생　성취법지　요달어법
如是하야 令一切衆生으로 成就法智하야 了達於法

원만보리무루공덕
하야 圓滿菩提無漏功德하며

"비유컨대 진여가 모든 번뇌를 여의었듯이, 선근의 회향도 그와 같아서 중생들로 하여금 법에 대한 지혜를 성취하여 법을 통달하고 보리의 무루공덕無漏功德을 원만케 하느니라."

진여는 무루無漏의 법이며, 무위의 법이며, 무진의 법이다. 보살의 선근 회향도 다함이 없는 지혜를 성취하게 한다. 다함이 없는 법을 통달하게 한다. 보리의 무루공덕을 원만히 성취하게 한다.

비여진여　무유소법　이능괴난　영기소
譬如眞如가 無有少法도 而能壞亂하야 令其少

분　비시각오　선근회향　역부여시　보
分도 非是覺悟인달하야 善根廻向도 亦復如是하야 普

령개오일체제법　기심무량　변주법계
令開悟一切諸法하야 其心無量하야 徧周法界하며

"비유컨대 진여를 어떠한 법으로도 능히 파괴하거나 어지럽게 하여 조금도 깨닫는 성품이 없게 할 수 없듯이, 선근의 회향도 그와 같아서 일체 모든 법을 널리 깨우쳐서 그 마음이 한량이 없어 법계法界에 두루 하게 하느니라."

진여는 조금이라도 파괴할 수 없다. 진여는 조금이라도 어지럽게 할 수 없다. 조금이라도 깨닫는 성품이 없도록 할 수 없다. 보살의 선근 회향도 그와 같아서 일체 장애를 멀리 벗어나서 모든 법을 깨닫게 하며, 그 마음을 한량없게 하며, 온 법계에 두루 하게 한다. 보살의 지극한 선행은 법을 깨달음이며 한량없는 마음이며 법계에 두루 함이다.

비여진여　과거비시　미래비말　현재비
譬如眞如가 過去非始요 未來非末이요 現在非

이　　선근회향　역부여시　위일체중생
異인달하야 善根廻向도 亦復如是하야 爲一切衆生하야

신신항기보리심원　보사청정　영리생사
新新恒起菩提心願하야 普使淸淨하야 永離生死하며

"비유컨대 진여는 과거도 처음이 아니고, 미래도 끝이 아니고, 현재도 다른 것이 아니듯이, 선근의 회향도 그와 같아서 일체 중생을 위하여 보리심의 서원을 항상 새롭게 일으켜서 널리 청정하여 생사를 영원히 여의게 하느니라."

진여는 모든 시간을 초월하여 영원히 존재한다. 선근 회향도 일체 중생을 위해서 항상 새롭게 보리심의 서원을 일으킨다. 또 선근 회향은 생사를 벗어나게 한다. 그리고 불법의 일체 문제를 남김없이 모두 해결한다. 지극한 선행은 풀지 못할 일이 없다. 선근 회향은 만능열쇠이며 도깨비방망이다. 지극한 선행으로 이루지 못할 일은 없다.

비여진여　어삼세중　무소분별　선근
譬如眞如가 於三世中에 無所分別인달하야 善根

회향　역부여시　현재염념　심상각오　과
迴向도 亦復如是하야 現在念念에 心常覺悟하고 過

거미래　개실청정
去未來에 皆悉淸淨하며

"비유컨대 진여가 삼세에 분별함이 없듯이, 선근의 회향도 그와 같아서 현재에 순간순간 마음이 항상 깨어 있으며 과거와 미래에도 모두 청정하니라."

진여는 삼세에 변만하여 있다. 과거 현재 미래를 분별하지 않는다. 선근 회향도 현재나 과거나 미래에나 순간순간 깨어 있으며 늘 청정하다. 선근 회향처럼 뛰어난 법은 없다. 참선과 염불과 간경과 주력과 명상 등 일체 수행이 선근 회향을 위한 준비운동이다. 불법은 선근 회향뿐이다. 선근 회향이란 무엇인가? 육바라밀과 십바라밀과 사섭법과 사무량심과 인의예지의 실천행이다. 그중에서도 제1조는 보시행이며, 무수한 보시 중에서도 가장 우수한 보시는 진리의 가르침인 법을 보시하는 일이다. 그것이 나에게도 가장 좋은 일

[自利]이며 다른 사람에게도 가장 좋은 일[利他]이기 때문이다. 나에게 싫은 일은 다른 사람에게도 싫은 일이기 때문에 해서는 안 된다.

비여진여 성취일체제불보살 선근회
譬如眞如가 **成就一切諸佛菩薩**인달하야 **善根迴**
향 역부여시 발기일체대원방편 성취제
向도 **亦復如是**하야 **發起一切大願方便**하야 **成就諸**
불광대지혜
佛廣大智慧하며

"비유컨대 진여가 일체 모든 부처님과 보살을 성취하듯이, 선근의 회향도 그와 같아서 일체 큰 서원과 방편을 발기發起하여 모든 부처님의 광대한 지혜를 성취하느니라."

부처님과 보살과 중생과 일체 생명의 근본은 진여다. 그 진여의 위대한 본성인 자비와 지혜와 만행만덕을 밖으로 드러낸 이는 부처님과 보살 등 성현들이고 진여의 위대한 본성을 가지고는 있으나 밖으로 드러내지 못한 이는 중생들이다. 선근 회향은 불보살과 일체 성현들이 진여의 위대한 공능을 밖으로 드러낸 일이다. 그래서 선근 회향으로 일체 큰 서원과 방편을 발기하여 모든 부처님의 광대한 지혜를 성취한다.

비여진여 구경청정 불여일체제번뇌구
譬如眞如가 **究竟淸淨**하야 **不與一切諸煩惱俱**

선근회향 역부여시 능멸일체중생
인달하야 **善根廻向**도 **亦復如是**하야 **能滅一切衆生**

번뇌 원만일체청정지혜
煩惱하고 **圓滿一切淸淨智慧**니라

"비유컨대 진여가 끝까지 청정하여 일체 모든 번뇌와 함께하지 않듯이, 선근의 회향도 그와 같아서 능히 일체 중생의 번뇌를 소멸하고 모든 청정한 지혜를 원만케 하느니라."

진여는 처음도 청정하고 중간도 청정하고 마지막도 청정

하다. 처음부터 끝까지 모두 청정하다. 본래로 더러움이나 부정함이 없다. 그래서 일체 번뇌와 함께하지 않는다. 선근 회향도 오직 청정뿐이다. 더러움도 없고 부정함도 없다. 그래서 일체 중생의 번뇌를 소멸한다. 또 일체 청정한 지혜를 원만히 한다.

진여의 본성 1백 가지로 예를 들어 선근 회향을 비유하였다. 진여의 본성은 1백 가지지만 보살의 선근 회향은 1백에 1백을 더하고 다시 1백을 더하더라도 그 공덕을 다 설명할 수 없으리라. 모든 부처님의 큰 깨달음[大覺]과 모든 부처님의 가르침[佛敎]은 오로지 중생을 요익하게 하는 것이며, 중생을 요익하게 하는 것은 선근 회향뿐이기 때문이다.

(10) 이익을 밝히다

불자 보살마하살 여시회향시 득일체불
佛子야 **菩薩摩訶薩**이 **如是廻向時**에 **得一切佛**

찰평등 보엄정일체세계고
刹平等이니 **普嚴淨一切世界故**며

"불자들이여, 보살마하살이 이와 같이 회향할 때에

일체 부처님의 세계가 평등하게 되나니 온갖 세계를 널리 청정하게 장엄한 연고이니라."

십회향 중 제8 진여상회향의 이익을 밝혔다. 진여상회향이 성취되면 첫째, 선근 회향으로 일체 부처님 세계의 평등을 얻는다. 일체 세계를 널리 청정하게 장엄하기 때문이다. 보살의 선행만이 일체 세계를 청정하게 장엄한다. 금은보화로써 세계를 장엄하는 것이 아니다. 성현들이 꿈꾸는 이상적인 세계란 육바라밀과 십바라밀과 사섭법과 사무량심과 인의 예지가 넘쳐나는 세계다. 그것은 선근 회향으로만 가능한 일이다.

득일체중생평등 보위전무애법륜고 득
得一切衆生平等이니 **普爲轉無礙法輪故**며 **得**

일체보살평등 보출생일체지원고
一切菩薩平等이니 **普出生一切智願故**며

"일체 중생이 평등하게 되나니 걸림이 없는 법륜法輪을 널리 운전한 연고며, 일체 보살이 평등하게 되나니

일체 지혜와 서원誓願을 널리 출생하는 연고이니라."

다음은 걸림이 없는 법륜法輪을 널리 굴림으로 일체 중생이 평등하게 된다. 또 일체 지혜와 서원을 널리 출생하여 일체 보살이 평등하게 된다. 즉 선근 회향으로 온 우주가 지혜와 서원으로 무장한 보살들이 넘쳐나는 것이다.

득일체제불평등 관찰제불 체무이고
得一切諸佛平等이니 **觀察諸佛**의 **體無二故**며

득일체법평등 보지제법 성무역고
得一切法平等이니 **普知諸法**의 **性無易故**며

"일체 모든 부처님이 평등하게 되나니 모든 부처님의 체성이 둘이 아님을 관찰한 연고며, 일체 법이 평등하게 되나니 모든 법의 성품이 변역함이 없음을 두루 아는 연고이니라."

보살의 선근 회향으로 모든 부처님의 체성이 둘이 아님을 관찰하게 되므로 일체 부처님이 평등함을 얻는다. 또 선근

회향으로 모든 법의 본성이 변역함이 없음을 앎으로 일체 법이 평등함을 얻는다.

득일체세간평등　이방편지　선해일체어
得一切世間平等이니 **以方便智**로 **善解一切語**

언도고　득일체보살행평등　수종종선근
言道故며 **得一切菩薩行平等**이니 **隨種種善根**하야

진회향고
盡廻向故며

"일체 세간이 평등하게 되나니 방편의 지혜가 온갖 말하는 길을 잘 아는 연고며, 일체 보살의 행이 평등하게 되나니 갖가지 선근을 따라 모두 회향한 연고이니라."

보살의 선근 회향으로 방편의 지혜가 온갖 말하는 길을 잘 앎으로 일체 세간이 평등함을 얻는다.

득일체시평등　근수불사　어일체시　무
得一切時平等이니 **勤修佛事**하야 **於一切時**에 **無**

단절고　득일체업과평등　어세출세소유선
斷絶故며 得一切業果平等이니 於世出世所有善

근　개무염착　함구경고
根에 皆無染着하야 咸究竟故며

"일체 시간이 평등함을 얻나니 불사佛事를 부지런히 닦아서 모든 때에 끊임이 없는 연고며, 일체 업業과 과보果報가 평등해지나니 세간과 출세간에 있는 선근이 다 물들지 아니하여 모두 끝까지 이른 연고이니라."

선근 회향의 이익에는 여러 가지가 있다. 그중에 불사佛事를 부지런히 닦아 모든 시간에 끊어짐이 없으므로 일체 시간이 평등함을 얻는다고 하였다. 사찰에서는 '부처님의 일'이라고 하여 불사를 많이 짓는다. 과연 무엇이 진정한 불사인가. 선행이 곧 불사다. 자신도 이롭고 남도 이로운 일이 곧 불사다. 육바라밀과 십바라밀과 사섭법과 사무량심과 십선과 인의예지의 선근으로 회향하는 것이 가장 아름다운 불사며 공덕이 가장 많은 불사다. 간단히 말하면 보시가 불사다. 진리의 가르침을 나누는 것이 최상의 불사다.

득일체불자재신통평등 수순세간 현
得一切佛自在神通平等이니 隨順世間하야 現

불사고 불자 시위보살마하살 제팔진여상
佛事故라 佛子야 是爲菩薩摩訶薩의 第八眞如相

회향
廻向이니라

"일체 부처님의 자재한 신통이 평등함을 얻나니 세간을 따라서 불사를 나타내는 연고이니라. 불자들이여, 이것이 보살마하살의 제8 진여상회향眞如相廻向이니라."

선근 회향으로 일체 부처님의 자재한 신통이 평등함을 얻는다. 그 또한 선행이라는 불사를 세상에 나타내기 때문이다. 육바라밀과 십바라밀과 사섭법과 사무량심과 십선과 인의예지 등의 선행이라는 불사가 참다운 불사라는 것이 널리 알려져서 맑고 향기로운 세상이 되어야 할 것이다. 그래서 사찰마다 보살님들이 넘쳐나듯이 온 세상에 진정한 보살이 넘쳐나야 할 것이다. 이것이 제8 선근 회향이 법성진여의 모습과 같은 회향이다.

(11) 과위果位를 밝히다

보살마하살 주차회향 증득무량청정법
菩薩摩訶薩이 **住此廻向**에 **證得無量淸淨法**

문 능위여래대사자후 자재무외
門하야 **能爲如來大獅子吼**하야 **自在無畏**하며

"보살마하살이 이 회향에 머무르므로 한량없이 청정한 법문을 증득하여 여래의 큰 사자후獅子吼를 하여 자재하여 두려움이 없느니라."

보살이 위에서 설한 제8 선근 회향이 법성진여의 모습과 같은 회향에 머무르므로 아래의 설법과 같은 열 가지 결과의 지위[果位]를 얻게 된다.

첫째, 한량없이 청정한 법문을 증득하여 여래의 큰 사자후를 하여 세상에 자재하여 두려움이 없게 된다. 온갖 선근으로 회향하여 중생들을 널리 요익하게 하므로 실천으로 보여 주는 청정한 법문이 된다. 살아 있는 법문을 설하는 것이다. 그것은 곧 여래의 사자후다. 세상 어디를 가든 무슨 두려움이 있겠는가. 모두가 내가 사랑하고 어여삐 여기는 어린 자식들[赤子]이기 때문이다. 사람이 세상에 처할 때 이와

같은 입장이 된다면 그는 능히 보살이리라.

이선방편　　교화성취무량보살　　어일체
以善方便으로 敎化成就無量菩薩하야 於一切

시　미증휴식
時에 未曾休息하며

"훌륭한 방편으로 한량없는 보살을 교화하고 성취하여 일체 시간에 쉬지 아니하느니라."

둘째, 선근 회향보다 우수한 방편은 없다. 중생들을 교화하고 성취하는 데 육바라밀과 십바라밀과 사섭법과 사무량심과 십선과 인의예지 등의 선행보다 더 훌륭한 방편은 없다. 간단하게 요약하면 중생을 이익하게 하는 방편보다 더 좋은 방편은 없다. 이러한 일을 쉬지 않는다. 보살은 선근 회향으로 이와 같은 일을 성취하게 된다.

득 불 무 량 원 만 지 신　　일 신　충 변 일 체 세 계
得佛無量圓滿之身하야 **一身**이 **充徧一切世界**하며

"부처님의 한량없이 원만한 몸을 얻어 한 몸이 일체 세계에 충만하니라."

셋째, 부처님의 몸은 법의 몸이므로 한량없이 원만하다. 우주법계에 법신이 아닌 곳이 없다. 우주법계가 그대로 하나의 법신이다. 그래서 일체 세계에 충만할 수밖에 없다. 보살은 선근 회향으로 이와 같은 몸을 얻는다.

득 불 무 량 원 만 음 성　　일 음 개 오 일 체 중 생
得佛無量圓滿音聲하야 **一音開悟一切衆生**하며

"부처님의 한량없이 원만한 음성을 얻어 한 음성으로 일체 중생을 깨우치느니라."

넷째, 선근을 닦아 덕을 쌓지 아니하면 아무리 훌륭한 말을 하더라도 사람들이 감동하지 않는다. 보살이 선근 회

향으로 공덕을 많이 쌓게 되면 부처님의 한량없이 원만한 음성을 얻어 한 음성으로 일체 중생을 감동시키고 깨우친다.

득불무량원만지력　　일모공중　보능용납
得佛無量圓滿之力하야 **一毛孔中**에 **普能容納**

일체국토
一切國土하며

"부처님의 한량없이 원만한 힘을 얻어 한 모공毛孔에 일체 국토를 모두 용납하느니라."

다섯째, 일미진중함시방一微塵中含十方이라는 일체 존재의 현상계[事]와 절대계[理]가 걸림이 없고, 현상계와 현상계가 걸림이 없는 이치[事事無礙]를 깨닫게 된다. 그것이 한 모공毛孔에 일체 국토를 모두 용납하는 일이다. 모든 사람의 진여불성에 본래로 갖춘 능력이다. 그 능력이 선근 회향으로 발현하는 것이다.

득불무량원만신통 치제중생어일진중
得佛無量圓滿神通하야 **置諸衆生於一塵中**하며

"부처님의 한량없이 원만한 신통을 얻어 모든 중생을 한 티끌 속에 두느니라."

여섯째, 무수한 중생을 하나의 작은 먼지 속에 두는 일도 역시 현상계와 현상계가 걸림이 없는 이치를 실현하는 신통이다. 이 또한 사람 사람이 진여불성에 본래로 갖춘 공능이다. 보살이 선근으로 회향하여 이 공능을 발현하는 것이다.

득불무량원만해탈 어일중생신 시현일체제불경계 성등정각
得佛無量圓滿解脫하야 **於一衆生身**에 **示現一切諸佛境界**하야 **成等正覺**하며

"부처님의 한량없이 원만한 해탈을 얻어 한 중생의 몸에 일체 부처님의 경계를 나타내어 등정각等正覺을 이루느니라."

일곱째, 제8 진여상회향의 열 가지 결과의 지위[果位] 가운데 보살이 선행을 행함으로써 부처님의 한량없이 원만한 해탈을 얻어 한 중생의 몸에 일체 부처님의 경계를 나타내어 등정각을 이룬다. 해탈도 선근 회향으로 얻으며, 성불도 결국 선근 회향으로 성취하는 것이다. 해탈을 얻고 성불을 성취하고 나서도 결국은 선행을 하자는 것이다. 그래서 불교는 처음도 선행이고 끝도 선행이다.

득불무량원만삼매 일삼매중 보능시현
得佛無量圓滿三昧하야 **一三昧中**에 **普能示現**
일체삼매
一切三昧하며

"부처님의 한량없이 원만한 삼매를 얻어서 한 삼매 가운데 일체 삼매를 널리 나타내 보이느니라."

여덟째, 선근 회향으로 해결하지 못할 불법이 없다. 부처님의 한량없이 원만한 삼매까지 얻는다. 그래서 한 삼매에서 일체 삼매를 나타내 보인다. 이와 같이 선근은 모든 능력을 갖추고 있다.

득불무량원만변재　설일구법　궁미래제
得佛無量圓滿辯才하야 **說一句法**에 **窮未來際**

이불가진　실제일체중생의혹
토록 **而不可盡**하야 **悉除一切衆生疑惑**하며

"부처님의 한량없이 원만한 변재辯才를 얻어 한 구절의 법문을 말할 적에 미래의 세상이 끝나도록 하여도 다할 수 없이 설하여 일체 중생의 의혹을 모두 없애느니라."

아홉째, 선근 회향으로 부처님의 한량없이 원만한 변재를 얻어 한 구절의 법문을 말할 적에 미래의 세상이 끝나도록 하여도 다할 수 없이 설할 수 있다. 선근 회향이 곧 위대한 설법이다. 한량없이 원만한 변재다. 몸으로 실천하는 선근 회향의 설법은 일체 중생의 의혹을 모두 없앤다.

득불무량원만중생 구불십력 진중생
得佛無量圓滿衆生하야 具佛十力하야 盡衆生

계 시성정각 불자 시위보살마하살 이
界에 示成正覺하나니 佛子야 是爲菩薩摩訶薩이 以

일체선근 수순진여상회향
一切善根으로 隨順眞如相廻向이니라

"부처님의 한량없이 원만한 중생을 얻어 부처님의 십력十力을 구족하고 온 중생계가 정각正覺 이룸을 보이느니라. 불자들이여, 이것이 보살마하살이 일체 선근으로써 진여의 모양을 따르는 회향이니라."

보살이 육바라밀과 십바라밀과 십선과 사섭법과 사무량심과 인의예지 등 온갖 선근을 닦으면 부처님의 한량없이 원만한 중생을 얻게 된다. 부처님의 십력을 구족한 중생을 얻게 된다. 온 중생계가 정각 이룸을 보이는 것을 얻게 된다. 이와 같이 보살이 선근 회향을 부지런히 닦으면 그 보살의 마음의 눈에 보이는 일체 중생은 이와 같다. 즉 부처님의 한량없이 원만한 중생을 얻는 것이다. 이것이 보살마하살이 일체 선근으로써 진여의 모양을 따르는 회향의 결과이다.

(12) 금강당보살이 게송을 설하다

1〉 회향할 행行의 체體를 밝히다

이시　금강당보살　승불위력　보관시방
爾時에 **金剛幢菩薩**이 **承佛威力**하사 **普觀十方**

이설송언
하고 **而說頌言**하사대

그때에 금강당보살이 부처님의 위신력을 받들어 시방을 널리 살피고 게송으로 말하였습니다.

보살지락상안주　정념견고이치혹
菩薩志樂常安住하야 **正念堅固離癡惑**하며

기심선연항청량　적집무변공덕행
其心善軟恒清凉하야 **積集無邊功德行**이로다

보살은 뜻에 즐거이 항상 편히 머물러
바른 생각 견고하고 어리석음 떠남이라
그 마음 착하고 부드러워 항상 청량해
그지없는 공덕행功德行을 쌓아 모으도다.

보살이 마음으로 즐거워하는 일은 항상 편안히 머물러

바른 깨어 있음과 바른 견해와 바른 삼매와 바른 말과 바른 행동 등이 견고하여 욕망과 분노와 어리석음 등 일체 번뇌를 멀리 떠나는 것이다. 그래서 그 마음은 선량하고 부드러워 항상 청정하다. 보살의 마음 상태가 이와 같으므로 그지없는 공덕행을 쌓아 간다. 경계에 흔들리지 아니하고 참마음의 진여 자리에 안주하여 팔정도八正道로 무장하고 있다면 저절로 육바라밀과 십바라밀 등 온갖 바라밀과 인의예지가 넘쳐나게 된다. 그러면 공덕은 저절로 쌓이리라.

보살겸순무위역　　소유지원실청정
菩薩謙順無違逆하야　**所有志願悉清淨**하고

이득지혜대광명　　선능조료일체업
已得智慧大光明하야　**善能照了一切業**이로다

보살이 겸손하고 순하여 어기지 않고
가진 바 뜻과 소원 모두 청정해
지혜의 큰 광명을 이미 얻어서
모든 업業을 밝게 비추어 능히 다 알도다.

보살은 그 마음이 언제나 겸손하고 순하여 다른 사람과 세상사에 결코 어기지 않는다. 뜻과 소원이 청정하고 뛰어나다. 지혜의 큰 빛이 언제나 밝게 빛난다. 그래서 중생들의 어떤 업도 환하게 비추어 모르는 바가 없다. 선근 회향만을 인생에서 최고의 가치로 생각하는 보살의 마음의 본체는 언제나 이와 같다.

2〉 회향할 바의 행을 밝히다

보 살 사 유 업 광 대　　　종 종 차 별 심 희 유
菩薩思惟業廣大하니　**種種差別甚希有**라

결 의 수 행 무 퇴 전　　　이 차 요 익 제 군 생
決意修行無退轉하야　**以此饒益諸群生**이로다

보살이 생각하는 광대한 업이
가지가지 차별하여 매우 희유하거늘
결정한 뜻은 수행함에 퇴전치 않고
이것으로 모든 중생 요익케 하도다.

보살은 중생 제도의 필수 방편으로 세상에 존재하는 중

생의 모든 업을 낱낱이 사유한다. 가지가지가 차별하여 실로 희유하기 이를 데 없다. 그와 같더라도 보살의 중생을 위한 결정한 뜻은 결코 물러서지 않는다. 보살의 요익중생의 길에 어찌 퇴전이 있겠는가.

세상의 부정부패와 온갖 사기, 협잡과 별의별 범죄를 보면 세상을 위하고 중생을 교화하겠다는 원력에서 물러서는 경우가 있다. 세상이 아무리 험악하더라도 보살은 결코 그 꿈과 희망과 기대를 포기하지 않는다. 한 방울 한 방울 스며드는 맑은 물이 언젠가는 바다 전체를 청정하게 할 것이기 때문이다.

제업차별무량종　　　보살일체근수습
諸業差別無量種을　　**菩薩一切勤修習**하고

수순중생불위의　　　보령심정생환희
隨順衆生不違意하야　**普令心淨生歡喜**로다

모든 업이 한량없이 차별하거늘

보살이 일체를 부지런히 닦아 익히어

중생의 뜻을 따라 어기지 않고

널리 그 마음 청정케 하고 환희하게 하도다.

중생들의 일체 업장이 한량없이 차별하다 하더라도 큰 서원을 가진 보살은 부지런히 수행하여 그들 중생의 마음을 어기지 않고 다 수순한다. 그래서 그 마음을 청정하게 하고 환희하게 한다. 이것이 보살의 비원悲願이다.

이승조어인존지 이제열뇌심무애
已昇調御人尊地하야 **離諸熱惱心無礙**라

어법어의실선지 위리군생전근습
於法於義悉善知나 **爲利群生轉勤習**이로다

이미 중생을 다스리는 높은 자리에 올라
모든 번뇌 여의고 마음에 걸림이 없으며
법이거나 이치거나 분명히 알고
중생을 이익케 하려고 더욱 부지런히 수행하도다.

보살이 올라간 중생을 다스리는 높은 자리란 부처님의 경지이다. 그 자리는 사람 사람이 본래로 갖춘 자리지만 모든 불자가 다시 또 희망하는 자리다. 그 경지는 이미 모든 번뇌를 여의었고 마음에 일체 걸림이 없다. 어떤 법이거나 어떤 이치거나 분명히 다 알아서 막힘이 없다. 그러나 다시 중생을 이익하게 하려고 더욱더 부지런히 수행하는 일을 잊지 않는다. 끊임없이 상구보리하고 하화중생하는 것이다.

보살소수중선행 무량무수종종별
菩薩所修衆善行이 無量無數種種別이어든

어피일체분별지 위리군생고회향
於彼一切分別知하야 爲利群生故迴向이로다

보살이 수행하는 온갖 선한 일이
한량없고 수없어 각각 다르나
그 모든 것을 분별하여 모두 다 알고
중생을 이익케 하려고 회향하도다.

불교에서는 선행을 설명할 때 육바라밀과 십바라밀과 십선과 사섭법과 사무량심과 인의예지 등을 위주로 이야기하지만 어찌 이것뿐이겠는가. 보시만 하더라도 세분하면 제6

수순견고일체선근회향에서 60종의 보시를 설명하였다. 선행이 아마도 수백만 가지는 넘을 것이다. 보살은 그 모든 선행을 다 분별하여 안다. 그리고 중생을 이익하게 하려고 모두 다 닦아 널리 회향한다.

3〉 진여를 널리 밝힘

이묘지혜항관찰　　구경광대진실리
以妙智慧恒觀察　究竟廣大眞實理하야

단제유처실무여　　여피진여선회향
斷諸有處悉無餘하고　**如彼眞如善廻向**이로다

끝까지 광대하고 진실한 이치를
미묘한 지혜로써 항상 관찰하며
모든 생사[有處]를 끊어서 남기지 않고
저 진여의 성품과 같이 잘 회향하도다.

이 설법이 제8 진여상회향眞如相廻向이므로 다시 진여를 들어 선근 회향을 거듭 설한다. 끝까지 광대하고 진실한 이치란 곧 진여생명의 깊은 이치다. 법성진여와 일심진여의 내용이 광대무변하다. 보살은 미묘한 지혜로 항상 관찰하여 생사의 존재 사실을 남김없이 끊어 없앤다. 진여생명의 이치를 깨달으면 생사의 존재 사실을 남김없이 끊어 없애게 된다. 이와 같은 진여생명처럼 일체 선근을 회향한다.

비여진여변일체　　　여시보섭제세간
譬如眞如徧一切하야　**如是普攝諸世間**하고

보살이차심회향　　　실령중생무소착
菩薩以此心廻向하야　**悉令衆生無所着**이로다

진여가 모든 것에 두루 하듯이
이와 같이 모든 세간 다 포섭하고
보살은 이 마음으로 회향하여
중생들로 하여금 집착이 없게 하네.

보살의 선근 회향은 진여가 일체 세간과 출세간에 두루 하는 것과 같이 역시 일체 세간과 출세간을 두루 포섭한다. 또 중생을 잘 깨우쳐서 모든 집착을 떠나게 한다.

보 살 원 력 변 일 체　　　비 여 진 여 무 부 재
菩薩願力徧一切하야　譬如眞如無不在라

약 견 불 견 염 실 주　　　실 이 공 덕 이 회 향
若見不見念悉周하야　悉以功德而廻向이로다

보살의 원력이 일체에 두루 한 것이
진여가 모든 곳에 다 있듯이
보는 데나 못 보는 데나 다 두루 하고
이러한 공덕으로 회향하도다.

보살의 원력은 일체에 두루 하다. 진여도 또한 일체에 두루 하다. 선근 회향의 공덕도 이와 같다.

야 중 수 주 주 역 주　　　반 월 일 월 역 수 주
夜中隨住晝亦住하며　半月一月亦隨住하며

약 년 약 겁 실 주 중　　　진 여 여 시 행 역 연
若年若劫悉住中하니　眞如如是行亦然이로다

밤에도 머무르고 낮에도 있고
보름이나 한 달이나 따라 있으며

몇 해거나 몇 겁劫이나 모두 있나니
진여가 그러하고 행行도 또한 그러하도다.

진여는 모든 시간과 모든 공간에 다 두루 하다. 밤이나 낮이나, 보름 동안이나 한 달 동안이나, 몇 년이나 몇 겁이나 항상 두루 하다. 보살의 선근 회향도 이와 같다.

소유삼세급찰토 일체중생여제법
所有三世及刹土와 **一切衆生與諸法**에
실주기중무소주 이여시행이회향
悉住其中無所住하야 **以如是行而廻向**이로다

그지없는 삼세三世와 모든 세계와
일체의 중생과 모든 법의
그 속에 있지마는 있는 데 없어
이와 같은 행으로써 회향하도다.

진여는 과거 현재 미래와 일체 세계와 일체 중생과 일체 존재에 다 있지만 고정된 실체는 없다. 보살의 선근 회향도 온 우주를 다 덮더라도 그 고정된 실체가 없다.

비 여 진 여 본 자 성　　보 살 여 시 발 대 심
譬如眞如本自性하야　**菩薩如是發大心**하니

진 여 소 재 무 부 재　　이 여 시 행 이 회 향
眞如所在無不在라　**以如是行而廻向**이로다

비유하면 진여의 본자성과 같이
보살이 이와 같이 큰 마음을 내어
진여의 있는 데에 모두 다 있어
이와 같은 행으로써 회향하도다.

모든 사람에게 진여는 다 있다. 보살은 그 진여를 마음껏 활용하여 언제 어디서나 누구에게나 선근을 널리 회향한다. 이것이 보살의 길과 중생의 길의 다른 점이다.

비 여 진 여 본 자 성　　기 중 미 증 유 일 법
譬如眞如本自性이　**其中未曾有一法**하야

부 득 자 성 시 진 성　　　이 여 시 업 이 회 향
不得自性是眞性이니　**以如是業而廻向**이로다

비유하면 진여의 본자성과 같이
그 속에는 한 법法도 있지 아니해
제 성품 못 찾는 게 참성품이니
이와 같은 업으로써 회향하도다.

진여자성에는 어떤 한 법도 독립하여 존재하는 것이 없다. 진여생명, 진여불성, 일심진여 등으로 불리지만 고정된 자성을 찾을 수 없다. 이것이 진여의 참성품이다. 보살은 이와 같이 선근을 닦아 회향한다.

여 진 여 상 업 역 이　　　여 진 여 성 업 역 이
如眞如相業亦爾요　**如眞如性業亦爾**니
여 진 여 성 본 진 실　　　업 역 여 시 동 진 여
如眞如性本眞實하야　**業亦如是同眞如**로다

진여의 형상처럼 업도 그렇고
진여의 성품처럼 업도 그러해

진여의 성품 본래가 진실하듯이
업業도 또한 그러해 진여와 같네.

진여의 형상이나 진여의 성품이나 업이나 모두가 하나다. 업도 진여의 작용이며 표현이다. 어떤 업을 짓더라도 그대로가 진여의 업이기 때문에 진실하다. 마치 금으로 불상을 만드나 반지를 만드나 모두가 금으로서, 불상을 만든 금이라고 해서 더 나은 금이거나 반지를 만든 금이라고 해서 더 못한 금이 아닌 것과 같다.

비 여 진 여 무 변 제　　업 역 여 시 무 유 변
譬如眞如無邊際하야　**業亦如是無有邊**호대

이 어 기 중 무 박 착　　시 고 차 업 득 청 정
而於其中無縛着일새　**是故此業得淸淨**이로다

비유하면 진여가 끝이 없듯이
업도 역시 그러하여 끝이 없거늘
그 가운데 속박도 집착도 없어
그러므로 이 업業이 청정하도다.

진여가 업이며 업이 진여다. 진여와 업은 둘이 아니다. 진여도 끝이 없으며 업도 끝이 없다. 진여의 작용이 업이기 때문이다. 비유컨대 물이 물결이며 물결이 물인 것과 같다. 진여는 집착이 없으며 업도 집착이 없다. 그래서 진여도 업도 다 청정하다.

4〉 법에 나아가서 밝히다

여 시 총 혜 진 불 자　　지 원 견 고 부 동 요
如是聰慧眞佛子가　　**志願堅固不動搖**하고

이 기 지 력 선 통 달　　입 어 제 불 방 편 장
以其智力善通達하야　　**入於諸佛方便藏**이로다

이와 같이 총명하고 진실한 불자
뜻과 원이 견고하여 움직이지 않고
지혜의 힘으로써 잘 통달하여
부처님의 방편장方便藏에 들어가도다.

진정으로 지혜롭고 진실한 불자는 선근 회향으로 인생의 목적을 삼는 사람이다. 지혜의 힘으로 잘 통달한 사람은 선근 회향을 삶의 최고 가치로 삼는다. 그 사람은 어떤 경우라도 동요하지 않는다. 눈앞의 이익과 손해에 움직이지 않는다. 세상과 중생에게 이익이 되기만을 바랄 뿐이다. 이것이 부처님의 중생을 위한 방편이다.

각 오 법 왕 진 실 법　　　어 중 무 착 역 무 박
覺悟法王眞實法호대　於中無着亦無縛하니

여 시 자 재 심 무 애　　　미 증 견 유 일 법 기
如是自在心無礙하야　未曾見有一法起로다

법왕法王의 진실한 법 깨닫고 보니
그 가운데 집착도 없고 속박도 없어
이와 같이 자재한 마음 걸림 없으니
한 법도 일어남을 보지 못하도다.

법왕의 진실한 법이 무엇일까? 일체 선근으로 중생을 요익하게 하는 것이다. 육바라밀과 십바라밀과 십선과 사섭법과 사무량심과 인의예지로 중생을 요익하게 하는 일이다. 법왕의 법을 이와 같이 깨달으면 집착도 없고 속박도 없다. 마음은 자유자재하여 어디에도 걸림이 없다. 오로지 요익중생일 뿐 어떤 한 법도 일어남을 보지 못한다.

여 래 법 신 소 작 업　　일 체 세 간 여 피 상
如來法身所作業이여　**一切世間如彼相**이라

설 제 법 상 개 무 상　　지 여 시 상 시 지 법
說諸法相皆無相하니　**知如是相是知法**이로다

여래의 법신法身으로 지으시는 업業이여
일체 세간이 저 모양과 같거든
모든 법의 모양이 다 없다 설하나니
이와 같은 모양을 아는 것이 법을 아는 것이로다.

사람이 짓는 업은 모두 진여로 짓는 것이며 여래의 법신으로 짓는 것이다. 일체 세간도 모두 여래의 법신이며 진여다. 그렇다면 달리 다른 형상이라고 말할 것이 아니다. 일체 세간의 모양을 이와 같이 아는 것이 법을 아는 것이다.

보살주시부사의　　어중사의불가진
菩薩住是不思議하야　**於中思議不可盡**이라

입차불가사의처　　사여비사개적멸
入此不可思議處하야　**思與非思皆寂滅**이로다

보살이 이러한 불가사의한 데에 머물렀거든
그 가운데서 사의하려 해도 다할 수 없어
이러한 불가사의한 곳에 들어가면
사의와 불가사의가 모두 적멸하도다.

예로부터 화엄경의 명구로 꼽히는 구절이다. 진여와 여래 법신과 중생의 업이 혼연히 일체여서 달리 다른 상을 구할 수 없다. 상을 구할 수 없는 경지에서 보면 모두 불가사의한 경지에 머물러 있다. 불가사의한 경지에서는 아무리 사의해도 그 사의가 끝이 없다. 끝내는 사의와 불가사의가 모두 적멸하기 때문이다.

여시사유제법성　　요달일체업차별
如是思惟諸法性하야　**了達一切業差別**하야는

소 유 아 집 개 제 멸　　　주 어 공 덕 무 능 동
所有我執皆除滅하고　住於功德無能動이로다

이와 같이 모든 법의 성품을 사유하여
일체 업의 차별을 통달한다면
지니고 있던 '나'라는 집착을 모두 소멸하고
공덕에 머물러서 동動할 수 없도다.

모든 법의 성품을 진여와 여래법신과 중생의 업이 혼연히 일체여서 달리 다른 상을 구하려 해도 구할 수 없는 것으로 알아 일체 업의 차별을 통달하면 '나'와 '나의 것'이 다 소멸한다. 그래서 오로지 중생들의 이익을 위한 선근 회향만이 보살의 삶이 될 때 그 공덕은 어느 누구도 움직일 수 없다.

보 살 일 체 업 과 보　　　실 위 무 진 지 소 인
菩薩一切業果報가　悉爲無盡智所印이니

여 시 무 진 자 성 진　　　시 고 무 진 방 편 멸
如是無盡自性盡일새　是故無盡方便滅이로다

보살의 모든 업과 모든 과보는
다함없는 지혜로 인증한 바라
이와 같이 다함없는 성품이 다하여지니
그러므로 다함없는 방편마저 소멸하리라.

선근 회향으로 삶을 살아가는 보살의 모든 업과 업의 과보는 역시 다함이 없는 지혜라야 인증할 수 있는 경지이다. 또 나아가서 다함이 없는 자성마저 다하므로 다함이 없는 방편마저 소멸하게 된다.

보살관심부재외 / 역부부득재어내
菩薩觀心不在外하며 **亦復不得在於內**하니
지기심성무소유 / 아법개리영적멸
知其心性無所有하야 **我法皆離永寂滅**이로다

보살은 마음이 밖에 있는 것도 아니고
또한 안[內]에도 있지 않음을 관찰하여
그 마음이 없는 줄을 알게 되면
나와 법을 다 떠나 길이 적멸하도다.

마음이 안에 있는 것도 아니고 또한 밖에 있는 것도 아님을 관찰하여 끝내는 마음이 있는 바가 아님을 알아 나와 경계인 법을 다 떠나 적멸하다고 하였다. 능엄경에 마음의 소재를 밝히는 칠처징심七處徵心이라는 내용이 있다. 보조普照스님이 『진심직설眞心直說』이라는 저서에서 참마음의 실체에 대해서 소상히 설명한 바도 있다. 또 심왕心王이니 심부心賦니 유심결唯心訣이니 관심론觀心論이니 하는 글에서도 많이 다루고 있다. 불교는 어떤 면으로 보면 마음의 문제를 다루는 가르침이라고도 할 수 있을 만치 마음에 대해서 특별히 많은 설명을 하고 있다. 그러나 그 어떤 이론도 스스로 체득하기 전에는 마치 수박의 겉을 핥는 것과 같아서 참맛을 알 수 없다. 그러므로 스스로 깨닫기까지는 영원한 화두로 남아 있는 것이 마음이다.

5〉 이익을 이루다

피 제 불 자 여 시 지　　　일 체 법 성 상 공 적
彼諸佛子如是知　　　一切法性常空寂하면

무 유 일 법 능 조 작　　　동 어 제 불 오 무 아
無有一法能造作하니　**同於諸佛悟無我**로다

일체 법의 성품이 항상 공적함을
저 모든 불자들이 이와 같이 알게 되면
한 법도 지을 것이 없어서
모든 부처님과 같이 무아無我를 깨달으리라.

일체 존재의 공성空性, 공적성空寂性, 적멸성寂滅性, 무아성無我性을 발견한 것은 진여성眞如性, 불성佛性, 법성法性, 자성自性의 발견과 아울러 불교의 가장 위대한 업적이다. 이 두 가지 입장은 상즉상입相卽相入하여 있다. 같은 것이면서 다른 것이고, 다른 것이면서 같은 것이다. 보살이 선근을 닦아 회향하여 공성에서 불성을 보고 불성에서 다시 공성을 보는 것이 큰 이익임을 밝혔다. 일체 존재의 이 두 가지 입장을 명백하게 깨닫지 못하면 선근 회향이 이루어지지 않으며, 또 진정한 선근 회향은 공성과 불성을 명백하게 깨달아야 가능한 일이다.

요 지 일 체 제 세 간　　　실 여 진 여 성 상 등
了知一切諸世間이　　　悉與眞如性相等하야

견 시 불 가 사 의 상　　　시 즉 능 지 무 상 법
見是不可思議相하니　　是則能知無相法이로다

일체 모든 세간이

진여의 성품과 모양과 평등함을 알아

이 불가사의한 모양을 본다면

이것이 모양 없는 법을 아는 것이로다.

일체 세간이 곧 진여다. 성품도 진여고 형상도 진여다. 진여는 세간과 평등한 성품이며 평등한 형상이다. 이와 같이 아는 것이 형상이 본래로 형상이 아닌 법을 아는 것이다.

약 능 주 시 심 심 법　　　상 락 수 행 보 살 행
若能住是甚深法하야　　常樂修行菩薩行하며

위 욕 이 익 제 군 생　　　대 서 장 엄 무 퇴 전
爲欲利益諸群生하야　　大誓莊嚴無退轉이로다

만약 이러한 매우 깊은 법에 머물면

즐겁게 보살행을 항상 닦아서

무수한 모든 중생에게 이익 주려고
큰 서원誓願으로 장엄하여 퇴전하지 않도다.

보살이 머물러 보살행을 항상 즐겁게 닦는다는 매우 깊은 법이란 일체 존재가 모두 진여라는 법이다. 법의 성질도 진여고, 법의 형상도 진여다. 중생도 진여고, 여래도 진여고, 업장도 진여인 법이다. 이러한 이치에 머물면 일체 중생을 이익하게 하기 위하여 큰 서원으로 장엄하여 결코 물러서지 않는다.

시 즉 초 과 어 세 간　　불 기 생 사 망 분 별
是則超過於世間이라　**不起生死妄分別**하고
요 달 기 심 여 환 화　　근 수 중 행 도 군 생
了達其心如幻化하야　**勤修衆行度群生**이로다

이것은 곧 세간世間을 초월하여
생사의 헛된 분별 내지 않으며
마음이 환영인 줄 통달해 알고
온갖 행을 부지런히 닦아 중생을 제도하도다.

진여의 이치는 상대적이고 비교하는 일체 세간법을 초월한다. 그래서 육바라밀과 십바라밀과 십선과 사섭법과 사무량심과 인의예지를 부지런히 닦아 일체 중생을 제도한다.

보살정념관세간　　　일체개종업연득
菩薩正念觀世間의　一切皆從業緣得하고

위욕구도수제행　　　보섭삼계무유자
爲欲救度修諸行하야　普攝三界無遺者로다

보살이 바른 생각으로
세간이 다 업으로부터 생긴 것임을 관찰하여
중생을 건지려고 온갖 행을 닦아서
삼계를 널리 포섭하고 남김이 없도다.

보살이 바른 생각으로 일체 세간을 면밀히 관찰해 보면 모두가 업의 인연으로 말미암아 생긴 것임을 알게 된다. 보살업과 불업佛業 등으로 온갖 난행과 고행과 보살행을 부지런히 닦아서 중생을 제도하고 교화한다. 그래서 삼계의 모든 중생을 하나도 남기지 않는다.

요 지 중 생 종 종 이　　　실 시 상 행 소 분 별
了知衆生種種異가　　**悉是想行所分別**하고

어 차 관 찰 실 명 료　　　이 불 괴 어 제 법 성
於此觀察悉明了호대　**而不壞於諸法性**이로다

중생의 가지가지 차별한 것이
생각과 의식의 작용으로 분별하는 것임을 알아
이런 일에서 관찰하여 다 밝게 알지만
그래도 법의 성품 파괴하지 않도다.

불교에서는 인간의 구체적인 현실 존재를 해명하기 위하여 갖가지 법 체계가 설명되었는데, 오온설五蘊說은 이러한 법 체계들 중에서 대표적인 것이다. 중생이 가지가지 다른 것은 육신인 색色과 마음인 느낌[受]과 생각과 표상[想]과 욕구와 의지[行]와 의식[識] 등이다. 이것으로 분별한다. 여기에서 명료하게 관찰하여 모든 법의 본성을 파괴하지 않는다.

6〉 맺음

지 자 요 지 제 불 법　　　이 여 시 행 이 회 향
智者了知諸佛法하고　**以如是行而廻向**하야

애 민 일 체 제 중 생　　　영 어 실 법 정 사 유
哀愍一切諸衆生하야　**令於實法正思惟**로다

지혜로운 이가 모든 부처님 법을 분명히 알고
이와 같은 행으로써 회향하면서
일체 모든 중생을 불쌍히 여겨
실상법實相法을 바르게 생각하게 하도다.

제8 진여상회향을 끝맺는다. 진여와 같이 선근 회향하는 것은 지혜로운 보살이 모든 부처님의 법, 즉 진여의 이치를 분명히 알아 진여와 같은 행으로 회향하는 것이다. 그 까닭은 일체 모든 중생을 불쌍히 여기기 때문이며, 존재의 실상을 바르게 생각하여 받아들이기 때문이다. 화엄경 80권 중에서 제30권은 모두 진여상회향을 설하는 것으로 마쳤다.

십회향품 8 끝

〈제30권 끝〉

華嚴經 構成表

<table>
<tr><th>分次</th><th colspan="2">周次</th><th>內容</th><th>品數</th><th>會次</th></tr>
<tr><td>擧果勸樂生信分
(信)</td><td colspan="2">所信因果周</td><td>如來依正</td><td>世主妙嚴品 第一
如來現相品 第二
普賢三昧品 第三
世界成就品 第四
華藏世界品 第五
毘盧遮那品 第六</td><td>初會</td></tr>
<tr><td rowspan="9">修因契果生解分
(解)</td><td rowspan="7">差別因果周</td><td rowspan="6">差別因</td><td>十信</td><td>如來名號品 第七
四聖諦品 第八
光明覺品 第九
菩薩問明品 第十
淨行品 第十一
賢首品 第十二</td><td>二會</td></tr>
<tr><td>十住</td><td>昇須彌山頂品 第十三
須彌頂上偈讚品 第十四
十住品 第十五
梵行品 第十六
初發心功德品 第十七
明法品 第十八</td><td>三會</td></tr>
<tr><td>十行</td><td>昇夜摩天宮品 第十九
夜摩天宮偈讚品 第二十
十行品 第二十一
十無盡藏品 第二十二</td><td>四會</td></tr>
<tr><td>十迴向</td><td>昇兜率天宮品 第二十三
兜率宮中偈讚品 第二十四
十迴向品 第二十五</td><td>五會</td></tr>
<tr><td>十地</td><td>十地品 第二十六</td><td>六會</td></tr>
<tr><td>等覺</td><td>十定品 第二十七
十通品 第二十八
十忍品 第二十九
阿僧祇品 第三十
如來壽量品 第三十一
菩薩住處品 第三十二</td><td rowspan="4">七會</td></tr>
<tr><td>差別果</td><td rowspan="3">妙覺</td><td>佛不思議法品 第三十三
如來十身相海品 第三十四
如來隨好光明功德品 第三十五</td></tr>
<tr><td rowspan="2">平等因果周</td><td>平等因</td><td>普賢行品 第三十六</td></tr>
<tr><td>平等果</td><td>如來出現品 第三十七</td></tr>
<tr><td>托法進修成行分
(行)</td><td colspan="2">成行因果周</td><td>二千行門</td><td>離世間品 第三十八</td><td>八會</td></tr>
<tr><td>依人證入成德分
(證)</td><td colspan="2">證入因果周</td><td>證果法門</td><td>入法界品 第三十九</td><td>九會</td></tr>
</table>

(資料：文殊經典研究會)

會場	放光別	會主	入定別	說法別擧
菩提場	遮那放齒光眉間光	普賢菩薩爲會主	入毘盧藏身三昧	如來依正法
普光明殿	世尊放兩足輪光	文殊菩薩爲會主	此會不入定 · 信未入位故	十信法
忉利天宮	世尊放兩足指光	法慧菩薩爲會主	入無量方便三昧	十住法門
夜摩天宮	如來放兩足趺光	功德林菩薩爲會主	入菩薩善思惟三昧	十行法門
兜率天宮	如來放兩膝輪光	金剛幢菩薩爲會主	入菩薩智光三昧	十廻向法門
他化天宮	如來放眉間毫相光	金剛藏菩薩爲會主	入菩薩大智慧光明三昧	十地法門
再會普光明殿	如來放眉間口光	如來爲會主	入刹那際三昧	等妙覺法門
三會普光明殿	此會佛不放光 · 表行依解法依解光故	普賢菩薩爲會主	入佛華莊嚴三昧	二千行門
祇陀園林	放眉間白毫光	如來善友爲會主	入獅子頻申三昧	果法門

如天 無比

1943년 영덕에서 출생하였다. 1958년 출가하여 덕홍사, 불국사, 범어사를 거쳐 1964년 해인사 강원을 졸업하고 동국역경연수원에서 수학하였다. 10여 년 선원생활을 하고 1976년 탄허스님에게 화엄경을 수학하고 전법, 이후 통도사 강주, 범어사 강주, 은해사 승가대학원장, 대한불교조계종 교육원장, 동국역경원장, 동화사 한문불전승가대학원장 등을 역임하였다.

현재 부산 문수선원 문수경전연구회에서 150여 명의 스님과 250여 명의 재가 신도들에게 화엄경을 강의하고 있다. 또한 다음 카페 '염화실'(http://cafe.daum.net/yumhwasil)을 통해 '모든 사람을 부처님으로 받들어 섬김으로써 이 땅에 평화와 행복을 가져오게 한다.'는 인불사상(人佛思想)을 펼치고 있다.

저서로『법화경 법문』,『신금강경 강의』,『직지 강설』(전 2권),『법화경 강의』(전 2권),『신심명 강의』,『임제록 강설』,『대승찬 강설』,『유마경 강설』,『당신은 부처님』,『사람이 부처님이다』,『이것이 간화선이다』,『무비 스님과 함께하는 불교공부』,『무비 스님의 증도가 강의』,『일곱 번의 작별인사』, 무비 스님이 가려 뽑은 명구 100선 시리즈(전 4권) 등이 있고 편찬하고 번역한 책으로『화엄경(한글)』(전 10권),『화엄경(한문)』(전 4권),『금강경 오가해』등이 있다.

대방광불화엄경 강설 제30권

| **초판 1쇄 발행_** 2015년 10월 20일
| **초판 2쇄 발행_** 2018년 4월 4일

| **지은이_** 여천 무비(如天 無比)
| **펴낸이_** 오세룡
| **편집_** 박성화 손미숙 정선경 이연희
| **기획_** 최은영
| **디자인_** 고혜정 김효선 장혜정
| **홍보 마케팅_** 이주하
| **펴낸곳_** 담앤북스
서울특별시 종로구 사직로8길 34 (내수동) 경희궁의 아침 3단지 926호
대표전화 02)765-1251 전송 02)764-1251 전자우편 damnbooks@hanmail.net
출판등록 제300-2011-115호
| ISBN 978-89-98946-76-0 04220

정가 14,000원